LES BATISSEURS DU TEMPS

Collection "Aleph"

ABRAHAM JOSHUA HESCHEL

LES BATISSEURS DU TEMPS

Avec 11 bois de Ilya Schor

LES ÉDITIONS DE MINUIT

7, rue Bernard-Palissy, 75006 Paris
www.leseditionsdeminuit.fr

ISBN 978-2-7073-0424-7

CHAPITRE PREMIER

« DE TOUT TON CŒUR »

La plupart d'entre nous succombent au pouvoir magnétique des choses et n'évaluent les événements qu'en fonction de leurs conséquences tangibles. Nous reconnaissons la valeur des objets qui se présentent à nous dans le royaume de l'Espace. Mais c'est dans le domaine du temps, et non dans celui de l'espace, que nous pouvons trouver ce qui est authentiquement précieux. Les monuments de bronze ne vivent que grâce à la mémoire de ceux qui contemplent leurs formes, alors que les « instants » de l'âme durent encore après avoir été relégués à l'arrière-plan de l'esprit. Nos sentiments, nos pensées, sont notre bien propre ; les objets que nous possédons nous sont étrangers, souvent même trompeurs. *Etre* est plus essentiel qu'*avoir*. Nous sommes confrontés avec les objets, mais nous ne vivons qu'en actes.

Les païens mettent au premier rang des objets qu'ils sacralisent, les Prophètes chantent les actes sacrés. Le monde n'a rien porté de plus précieux que les deux Tables de pierre reçues par Moïse au Mont Sinaï : « Les Tables étaient l'œuvre de Dieu, et l'écriture était l'écriture même de Dieu gravée sur les Tables » (Exode, XXXII, 16). Pourtant, quand Moïse descendit de la montagne, tenant les deux Tables qu'il venait de recevoir, il vit le peuple dansant autour du Veau d'or ; il jeta les Tables et les brisa aux yeux de tout le peuple.

La pierre est brisée, mais les Paroles sont vivantes. Moïse rapporta d'autres Tables ; elles aussi ont disparu, mais les Paroles n'ont pas péri. Elles sont encore là, frappant à nos portes comme pour nous supplier de les graver « dans la Table de notre cœur ». D'autres ont inscrit leur pitié, leur ferveur, leur foi dans le splendide cantique des colonnes, mais nos ancêtres ne possédaient ni le talent ni les matériaux nécessaires pour réaliser de tels chefs-d'œuvre d'architecture. Le Roi Salomon dut faire appel à des ouvriers phéniciens pour l'aider à édifier le Temple de Jérusalem. Les

Juifs, en revanche, savaient bâtir dans l'âme, ériger une sainteté faite d'actions toutes simples, d'étude et de prière, de sollicitude, de crainte et d'amour. Ils savaient dresser les plans d'une pyramide que Dieu seul est capable de voir, et ils l'ont construite.

Les Juifs d'Europe orientale vivaient dans le temps, plutôt que dans l'espace. Leur âme semblait cheminer sans arrêt, comme si le secret de leur cœur ne les portait pas vers les choses. Leur âme échappe à l'artiste qui en voudrait fixer les formes ou les couleurs. Un *niggoun,* cette mélodie en quête d'une impossible conclusion ; une de ces histoires où l'âme s'empare de notre esprit comme par surprise ; un *knaitch,* cette nuance subtile de la pensée ; un geste de ferveur qui replace l'événement comme entre les guillemets de Dieu ; voilà qui pourrait peut-être suggérer ce qu'étaient ces hommes.

C'était un type d'homme unique que le Juif d'Europe orientale : ses habitudes et ses goûts ne se conformaient pas aux canons classiques de la beauté, mais ils n'en possédaient pas moins un charme troublant. Il n'apparaît pas comme un paragraphe dans un livre ouvert, — bloc immobile de lignes uniformes avec sa juste proportion de texte et de marges — mais plutôt comme un livre aux pages sans cesse tournées.

Ce charme provenait de la profonde richesse de leur être, du contrepoint de raison et de sentiment, de joie et de tristesse, de ce mélange d'intellectualisme et de mystique qui désoriente si souvent l'analyse. On ne pourrait comparer leur esprit à la perle dont le doux éclat est tout de patience et de tranquillité, mais plutôt à un frémissant rayon de lumière, au scintillement du diamant taillé.

Bien peu d'entre eux avaient appris l'art de la gaîté, de la liberté d'esprit, de la détente. Dès l'enfance, on leur avait enseigné que la vie est trop précieuse pour être gaspillée en jeux. La joie, lorsqu'on l'éprouvait, avait toujours quelque grave raison ; elle était comme une parure pour les événements heureux, justifiée comme leur logique conclusion.

Ils ne se fiaient guère aux mots, et leurs pensées les plus profondes ne s'exprimaient qu'en un soupir. L'affliction leur était une seconde nature, et le vocabulaire du cœur se réduisait pour eux à un seul son : « *Oy !* ». Quand on dépassait ce que le cœur pouvait dire, c'est les yeux qui, silencieusement, portaient témoignage. Il est très révélateur que, génération après génération, certains de leurs chefs spirituels aient éprouvé la nécessité d'enseigner que la gaîté n'était pas un péché, bien au contraire.

Leur enthousiasme se mêlait d'une tristesse maîtrisée, leur joie, d'une douleur profonde. Leurs mélodies authentiques sont toujours en mineur ; les airs joués au mariage, avant la cérémonie du voile, brisaient presque l'âme de la fiancée. Le *badhan,* l'amuseur public, dépeignait d'une voix plaintive les difficultés et les souffrances que la vie réserve à tout être humain. Sous la *houpa,* le dais nuptial, jeune mariée, mère et grand'mère sanglotaient ; les hommes eux-mêmes, entendant quelque bonne nouvelle, versaient des larmes. Et cependant les Juifs chantaient tous : l'étudiant penché sur son Talmud, le tailleur cousant un pantalon, le savetier rapetassant une botte, et le prédicateur prononçant son sermon.

⁂

Ils ne commettaient pas l'erreur de croire qu'on puisse atteindre le bien en s'y laissant tout simplement porter, qu'il suffise de vivre pour parvenir au but de la vie. Pour atteindre ce but, il faut s'élancer vers lui. Ce qui n'est pas dirigé, ce qui se fait au hasard, s'égare hors de la bonne route.

Ils n'avaient que mépris pour tout ce qui est rude, pour tout ce qui est grossier ; ils s'efforçaient d'imprégner chacune de leurs actions d'une sorte de dignité intérieure. Non seulement les jours extraordinaires, non seulement le Sabbat, mais chacun des jours de la semaine avait sa personnalité. Tout était réglé ; rien n'était fortuit, rien n'était confié au hasard.

Les plats qu'on devait préparer certains jours, la façon dont il fallait mettre ou retirer ses chaussures, la démarche, le port de tête quand on se promenait dans la rue, tout était conforme à un certain style. Chaque prière, chaque partie du rituel, chaque cantique possédait sa mélodie particulière, chaque détail sa physionomie propre, chaque objet son cachet personnel. Même le paysage était devenu juif. Au mois d'Eloul (1), durant l'époque de contrition, les poissons s'agitaient dans les rivières ; à *Lag-Ba-Omer* (2), la fête printanière des écoles, tous les arbres étaient en joie. Dès qu'une fête approchait, les chevaux même, et les chiens la sentaient. Et le corbeau, posé sur une branche, paraissait de loin « porter le châle de prières blanc barré de bandes noires, et il se balançait et se courbait comme un homme qui prie, baissant la tête en une puissante supplication ».

Et cependant, ils possédaient assez de vitalité pour modifier sans cesse les normes établies. De nouvelles coutumes prenaient naissance : les anciennes coutumes s'enrichissaient de nuances nouvelles. Les usages et les rites se transmettaient sans altération d'une génération à l'autre, mais des significations nouvelles s'y attachaient. Il y avait là une source perpétuellement jaillissante qui rafraîchissait sans cesse les anciennes prairies.

On leur avait appris à se préoccuper du plus lointain dans le plus immédiat ; ils savaient que le transitoire n'est qu'un reflet du permanent, que les tables de leurs pauvres chaumières pouvaient

---

(1) Aux alentours de septembre, c'est le mois qui précède les grandes fêtes du Nouvel-An et du Pardon. Il est consacré à la préparation et à la pénitence.

(2) Le 33e jour de la période de 49 jours qui unit Pâque à la Fête des Semaines.

devenir de saints autels, qu'une seule action d'un seul homme peut décider du sort de toute l'humanité. Leur pitié était marquée d'un sacrifice sans héroïsme ; c'était une dévotion sans éclat et sans ambition, sans excès de mortification ni d'ascétisme. Il s'agissait d'ennoblir le trivial, de revêtir les moindres choses quotidiennes d'une hiératique beauté.

Celui qui se conformait scrupuleusement aux usages, aux règles établies, était considéré comme un « bon Juif ». Mais seul celui qui allait « au-delà de ce que la Loi exige » approchait de l'exceptionnel.

Pour eux, la sainteté ne consistait pas en actes spécifiques tels que prières surérogatoires ou exploits rituels ; c'était une certaine manière d'être qui baigne toutes les actions, imprégnant toute la conduite, pénétrant et pétrissant toutes les activités humaines. La sainteté n'est pas une digression dans la spiritualité. Elle portait, en filigrane, miséricorde et bonté. Un saint était celui qui ne savait pas comment on pouvait ne pas aimer, ne pas secourir, ne pas être sensible à l'inquiétude d'autrui.

Le célèbre « moraliste » Rabbi Israël Salanter mourut en pays étranger, loin de ses innombrables disciples et admirateurs. Seul un brave homme fort simple l'avait soigné durant sa maladie et se trouvait à ses côtés lorsqu'il mourut. Anxieux de connaître les pensées profondes que le grand maître avait exprimées en ses derniers instants, les disciples interrogèrent l'homme. « Toute la soirée, répondit-il, il essaya de me convaincre que je ne devais pas avoir peur de passer la nuit seul, face à face avec un mort (1). »

Pour de telles gens, le Judaïsme était plus qu'une collection de croyances et d'obligations rituelles, plus que ce qui peut être exprimé dans des dogmes et des lois. Pour eux, le Judaïsme n'était pas dans le fruit mais dans la sève qui coule au milieu de la chair de l'arbre ; née du silence de la terre, elle monte jusqu'aux feuilles pour faire éclater son éloquence dans le fruit. Le Judaïsme n'était pas seulement vérité ; il était vitalité et joie ; pour beaucoup, la seule joie. La majesté intellectuelle du « Shema Israël » (2), dans le langage de leur cœur, se traduisait par : « Quelle joie d'être juif ! ».

Les Juifs d'Europe orientale avaient une volonté commune et une commune destinée. Ils ne constituaient pas un simple groupe social, mais une communauté, riche de couleurs et de contrastes, uniforme en sa diversité. Les Juifs étaient un pays aux nombreuses provinces — Litvaks (3), Bessa-

---

(1) On n'abandonne pas le corps d'un mort jusqu'au moment de l'enterrement ; les gens superstitieux avaient toujours peur de se trouver seuls avec un cadavre.

(2) Profession de foi récitée deux fois par jour : « Ecoute Israël, le Seigneur est notre Dieu, le Seigneur est Un » (Deutéronome, VI, 4).

(3) Juifs lithuaniens.

rabiens, Ukrainiens et Galiciens, Hassidim, Mithnaggdim (1), Maskilim (2), Habadniks (3), Sionistes Agoudistes (4) et Socialistes — une seule langue aux nombreux dialectes. La vie sociale était complexe, souvent dominée par des forces centrifuges, mais le centre restait commun et, dans bien des cas même, la périphérie. Le dynamisme social était assez puissant pour créer des groupements spécifiques. Les Hassidim disciples d'un même *rebbe* (5), même s'ils vivaient dans des villes différentes et appartenaient à des classes économiquement distinctes, n'en constituaient pas moins un groupe homogène avec son propre style de vie, ses particularités de pensée, de paroles, de gestes, ses coutumes et ses intérêts propres, parfois si intenses qu'ils brisaient le cadre social et économique des membres du groupe. A l'inverse, les distinctions sociales mettaient fréquemment leur empreinte sur les institutions religieuses : ainsi, les artisans de telle corporation possédaient leurs synagogues corporatives indépendantes.

---

(1) Adversaires des Hassidim.

(2) Tenants du « modernisme ».

(3) Tendance créée à l'intérieur du mouvement hassidique par Rabbi Schneour Zalman de Ladi.

(4) Organisation politique des Juifs orthodoxes.

(5) Titre des chefs des groupes hassidiques.

CHAPITRE DEUXIEME

LES DEUX GRANDES TRADITIONS

Au cours du dernier millénaire, on peut distinguer deux grandes traditions dans la vie juive, correspondant aux deux groupes qui ont successivement pris la tête du mouvement spirituel : d'abord les Sépharadim d'Espagne, puis, dans la dernière période, les Ashkenazim.

Le groupe sepharade est constitué par les descendants des Juifs qui s'établirent dans la péninsule ibérique sous la domination musulmane.

L'Espagne étant appelée en hébreu *Sepharad,* les Juifs qui y habitaient reçurent le nom de Sépharadim; contraints d'émigrer, puis expulsés d'Espagne et du Portugal à la fin du XVe s., les Sépharadim s'établirent tout autour de la Méditerranée, poussant même jusqu'en Hollande, en Angleterre et dans les colonies.

La communauté ashkenaze est constituée par les descendants des Juifs venus de Babylonie et de Palestine jusqu'aux Balkans et en Europe centrale et orientale ; depuis la fin du Moyen Age, ils parlent communément l'allemand ou le yddish. On les appelle les Ashkenazim, de l'hébreu *Ashkenaz* qui signifie Allemagne.

Jusqu'au XIXe siècle, tous les Juifs ashkenazes qui vivaient dans les territoires compris entre le Rhin, le Dniepr, la Baltique et la Mer Noire, et dans quelques régions avoisinantes, constituaient un ensemble de culture homogène dominé par Rashi, le plus célèbre commentateur de la Bible et du Talmud, et Rabbi Jehuda le Pieux. La vie spirituelle ashkenaze atteignit son apogée en Europe orientale avec l'extension du mouvement hassidique ; de nos jours, les Ashkenazim constituent la majorité du peuple juif.

C'est aux Juifs de la Péninsule ibérique que nous devons la première période d'or de l'histoire juive, marquée par un esprit universaliste et de grandes réussites scientifiques. Leur œuvre est, en quelque sorte, une synthèse de la tradition juive et de la civilisation arabe.

La vie intellectuelle des Juifs d'Espagne est fortement influencée par le milieu. On adopta les genres littéraires des Arabes, leurs méthodes scientifiques, leurs catégories philosophiques, souvent même leurs principes théologiques. Nourris de modèles étrangers, les auteurs juifs, sous l'effet de cette émulation, avaient tendance dans leurs écrits et dans leur pensée, à mettre l'accent sur les points communs entre les doctrines de leur foi et les théories des grands penseurs non-juifs. En fait, ils semblaient même ,le plus souvent, insister sur les éléments du Judaïsme qui se rapprochent des philosophes classiques au détriment des idées spécifiquement juives. Constamment soumis aux attaques et aux défis de croyances différentes de la leur, ils se sentaient contraints à discuter et à défendre les bases de leur foi.

A la période ashkenaze, les Juifs menaient leur vie spirituelle dans l'isolement ; aussi la développèrent-ils à partir de ses antiques racines, sans concessions aux courants de pensée du monde environnant. Ils étaient en général d'une culture supérieure à celle de leurs voisins slaves ou germains ; ils purent développer leur propre pensée dans des œuvres spécifiquement juives et réussirent à créer des formes originales de vie sociale et individuelle. Farouchement attachés à leurs propres traditions, ils se plongèrent exclusivement dans ce qui était vraiment à eux, recherchant toujours, d'instinct, ce qui leur était spécifique. Ils n'ont demandé à d'autres modes de culture ni la substance de leur pensée, ni sa forme ; ce qu'ils écrivaient était une littérature créée par des Juifs pour des Juifs sur des sujets juifs. Ils n'avaient à s'excuser auprès de personne, à rechercher l'approbation de personne ; ils n'éprouvaient pas le besoin de mesurer leur œuvre à d'autres œuvres ; ils ne perdaient pas leur temps à réfuter les opinions des autres.

En Europe orientale, les Juifs pouvaient jouir de leur héritage ; ils vivaient sans réserve et sans travestissement ; nul besoin d'adopter la forme de pensée des autres, leurs coutumes. Quand ils disaient, dans les commentaires du Talmud : « *On demande...* », il ne s'agit pas d'un problème soulevé par Aristote ou par Averroès. La limite de leur « on », le monde, c'étaient ceux qui, comme eux, étudiaient la Thora.

En Espagne, la culture des Juifs sepharades avait été l'œuvre d'une élite qui puisait aux sources de la philosophie et de la science classiques. Les lettrés prenaient modèle sur la poésie arabe et la morale grecque ; les savants se plongeaient dans des problèmes abstraits. Ils avaient une conception aristocratique de la pensée et de l'œuvre d'art. Leurs poèmes étaient souvent d'un style si compliqué, d'une langue si contournée, que seuls quelques rares érudits pouvaient les apprécier. Le génie propre de l'hébreu, langue pure, sévère et d'une force limpide, céda devant l'influence de la métrique et de la rhétorique arabes, prenant l'allure d'une arabesque maniérée. Les écrivains se complurent à de gratuites recherches de style, s'adonnant à des métaphores surchargées, pour la plus grande joie des connaisseurs ; mais la sensibilité était perdue. Les mots se groupaient en baroques combinaisons, longuement polis à parfaire l'élégance d'une phrase. Dans les traductions, le jeu consistait à adapter l'hébreu au modèle arabe.

Dans la bouche des Juifs ashkenazes, l'hébreu se libéra des chaînes dorées de cette rhétorique subtile, mais complexe ; il retourna au langage simple et direct des auteurs du Midrash aux premiers siècles de l'ère chrétienne. Les Ashkenazim n'ont pas écrit de *pyoutim,* ces poèmes synagogaux au style précieux qu'affectionnaient les auteurs sepharades ; ils ont laissé surtout des *selihoth,* sortes d'élégies toutes simples, de prières de pénitence que l'on récite aux jours de jeûne et à l'aube des journées où, préparant les grandes fêtes, on fait un retour sur soi. Ils s'inspirent du style familier des maximes talmudiques bien plus que de l'envolée majestueuse des Prophètes. On ne retrouve pas dans leurs œuvres les éclairs et le tonnerre du Livre de Job. Ce sont d'autres rythmes une autre tonalité qui l'emportent. L'hébreu, tel que nous le retrouvons dans les ouvrages de morale et de piété des Ashkenazim, est imprégné de la mélodie, de la tendresse et de la contrition du Livre des Psaumes.

Plus tard, les Juifs d'Europe orientale ont créé leur propre langage, le yddish, qui est né du désir de rendre plus proche, plus clair, de simplifier et d'expliquer les effrayantes difficultés des textes sacrés. Et l'on vit jaillir, comme spontanément, une langue maternelle, une expression directe des sentiments, une façon de dire les choses sans artifices et sans détours, une langue intime et chaleureuse. En yddish, vous dites « beauté », et cela signifie « spiritualité » ; vous dites « bonté » et cela signifie « sainteté ». Il est peu de langues où l'on puisse s'exprimer avec autant de simplicité, d'une façon aussi directe ; il n'en est pas qui se prêtent aussi peu aux malentendus. Rien d'étonnant à ce qu'un des grands penseurs du Hassidisme, Rabbi Nahman de Bratzlaw, ait parfois choisi le yddish pour s'épancher en Dieu. Les Juifs ont parlé bien des langues depuis qu'ils vivent en exil ; mais il n'en est qu'une qu'ils aient appelé « juive ».

A l'époque ashkenaze, chaque Juif possédait les « textes » ; les imprimeries ne chômaient pas ; de nouvelles éditions sortaient continuellement. Les portes de la Thora étaient large ouvertes. Chaque Communauté possédait le Talmud et le code du *Shoulhan Aroukh* (1), la codification talmudique de Maïmonide et l'ouvrage de base de la mystique juive, le Zohar.

Nombreux étaient les Juifs espagnols qui possé-

---

(1) « La Table servie », code de la vie rituelle et légale du Judaïsme, rédigé au XVIe siècle par Joseph Caro, talmudiste et cabbaliste de l'école de Safed.

daient une forte culture profane. Leurs œuvres ont puissamment contribué au progrès de la civilisation européenne dans les domaines de la médecine, des mathématiques, de l'astrologie ; leurs traductions latines des travaux scientifiques et philosophiques arabes ont révélé aux pays d'Europe les trésors que recelait le monde arabe. Mais Rabbi Salomon Parhon, grammairien qui fut le disciple de Jehuda Halevi, écrivait au XIIe siècle : « Dans notre pays (l'Espagne), les gens ne sont guère savants en langue hébraïque », tandis que les Juifs ashkenazes « ont coutume de penser et parler en hébreu ». Nombre d'œuvres sepharades sont écrites en arabe, même si leur sujet est proprement juif : commentaires bibliques et talmudiques, consultations rituelles et légales. Pour un auteur ashkenaze, il eût semblé inconcevable d'écrire en une langue étrangère.

Les livres sepharades sont remarquables par la stricte logique de leurs développements. Le plan en est clair, chaque argument s'enchaîne au précédent, les transitions sont nettes et simples. Les auteurs ashkenazes renoncent à la clarté au bénéfice de la profondeur. Les contours de leur pensée sont irréguliers, vagues, souvent inextricablement embrouillés ; la pensée elle-même est fébrile, animée d'une lutte intérieure et d'une sorte d'étrange émotion.

Les livres sepharades ressemblent aux tableaux de Raphaël, les livres ashkenazes à l'œuvre de Rembrandt — profonde, pleine d'allusions et de sens cachés. Nous mesurons entre eux la distance entre la belle ordonnance d'un système et la tension d'une dialectique, entre un majestueux équilibre et une spontanéité inspirée. La force de l'école sepharade est dans sa maîtrise de l'expression, celle de l'école ashkenaze est dans les harmoniques inexprimées de leurs paroles. L'émotion, un mouvement de pensée passionné, une explosion d'enthousiasme, éclatent çà et là à travers la forme.

Les œuvres sepharades sont des parcs coquettement dessinés et soigneusement entretenus, les écrits ashkenazes ont le charme des vieilles forêts enchantées : D'un côté, nous lisons de belles histoires qui se déroulent clairement du commencement à la fin, de l'autre, si nous apercevons le commencement, bien souvent, il n'y a pas de fin.

Les grammaires hébraïques naissent chez les Sepharadim. Les Ashkenazim préfèrent, aux règles logiques, la pointe acérée et pénétrante de la *guematria* — cet art de découvrir les suggestions offertes par la valeur numérique des lettres et des mots du Texte sacré — à tel point que, chez eux, l'exégèse critique et littérale finit presque par disparaître.

Avant tout préoccupés de sauvegarder l'héritage spirituel juif, les Sepharadim sont les maîtres incontestés de la systématisation, du collationnement, de la codification des richesses éparpillées par le génie juif au cours des siècles. Les Ashkenazim étaient moins préoccupés de rassembler des textes, que d'y découvrir des sens toujours plus profonds ; pour eux, l'important n'était pas de savoir et de conserver, mais de scruter et de comprendre ; leur but était moins la conclusion que la démarche de l'esprit pour y parvenir.

Dans la codification talmudique du plus célèbre philosophe sepharade, Maïmonide (1135-1204) dans les *Mishne Thora,* les matières sont rangées dans l'ordre logique des concepts ; l'océan de lois et de préceptes se métamorphose en un système abstrait. Dans les *Arba' Tourim,* autre code rédigé par l'ashkenaze Rabbi Jacob ben Asher, dit Baal ha-Tourim, (XIVe siècle), code dont s'inspirera le *Shoulhan' Aroukh,* les lois sont rangées selon le déroulement coutumier des habitudes quotidiennes, prenant le Juif à son lever et le menant jusqu'à la prière de nuit. Le système de Maïmonide est logique, mais les *Arba' Tourim* sont le miroir fidèle de la vie telle qu'elle est.

Les grandes œuvres classiques ne sont pas le produit de l'Europe orientale. Le Talmud, les *Mishne Thora,* le *Guide des Egarés* de Maïmonide, le Zohar, les ouvrages mystiques de l'Ecole de Safed, ont été écrits ailleurs. Les Juifs d'Europe orientale ne nourrissaient pas l'ambition de donner à leurs ouvrages une expression définitive. Leurs livres sont le produit de leur époque et de leur milieu ; ils sont enracinés en un mode clos. Ils sont donc moins proches des habitudes modernes que ceux des auteurs sepharades. Les Ashkenazim se préoccupaient fort peu de la valeur littéraire : leurs ouvrages sont plutôt de brèves notations presque orales, des points de repère pour la pensée ; ils ne forment pas l'aboutissement de recherches rigoureuses, mais de discussions , ou d'enseignements. Les Ashkenazim nous ont légué peu d'œuvres qui se suffisent à elles-mêmes, qui se dressent seules sur leurs propres fondations sans faire appel à des œuvres antérieures ; ils mettaient par écrit des notes ou des commentaires sur les ouvrages classiques des époques précédentes ; leurs livres, modestement, s'étendent à l'ombre des vieilles citadelles.

Les Sepharadim aspiraient à la perfection individuelle ; ils mettaient leurs soins à trouver un mode d'expression rationnel pour leurs idées. Ils tendaient à la tranquillité de l'âme, à la paix intérieure, au bonheur. Leur morale était pleine de prudence et de sagesse pratique. Suivre la règle d'or, prendre le juste milieu, fuir les extrêmes, était l'une de leurs maximes favorites. La Kabbale, la mystique, était une recherche réservée à des cercles restreints ; à l'inverse de ce qui se passait en Europe orientale, la vie des communautés sepharades était à peine affectée par les doctrines hardies de quelques-uns de leurs rabbins.

Au contraire, l'éthique ashkenaze ne posait aucune perfection définissable ; elle tendait vers l'infini, jamais satisfaite, rejetant toute compromission, à chaque pas plus exigeante : « Visez toujours plus haut ». Le chercheur ashkenaze, le Hassid, de tout son être aspire au transcendant, veut aller « au-delà », « plus outre ». Il sent, d'une façon ou d'une autre, que non seulement l'espace, mais l'âme aussi est infinie. La paisible contemplation n'est pas son affaire, ni le cheminement mesuré sur des voies aux étapes prévues d'avance. Ce qu'il poursuit, c'est la ferveur sans limites, la prière et l'étude sans fin. Il se sait engagé dans une lutte perpétuelle contre le monde matériel et fini, il sait qu'il ne peut en sortir vainqueur à tout coup, mais il peut au moins aspirer à se dégager, en de brefs instants d'extase, de toute servitude terrestre.

Toutefois, la distinction entre la culture sepharade et la culture ashkenaze est plutôt dans la forme que dans le contenu. C'est une différence qu'on ne saurait marquer par les catégories habituelles : rationalisme contre mysticisme, mentalité spéculative contre mentalité intuitive. La différence est plus subtile et s'affirmerait plutôt à la manière d'une distinction entre une forme statique qui soumet la spontanéité à une norme stricte et abstraite, et une forme dynamique qui n'impose pas au contenu l'adaptation à un moule préétabli. La forme dynamique exige quelque chose de plus délicat, de plus direct ; elle laisse place à l'élan, à la surprise, à l'instantané.

La tragique expulsion d'Espagne, en 1492, ne mit pas fin à cette dualité. Le courant sepharade, avec sa recherche d'ordre, de mesure et d'harmonie, subsiste jusqu'à la période moderne, aussi bien que le courant ashkenaze avec ses caractéristiques de spontanéité et de dynamisme. Les

Sepharadim ont conservé leurs coutumes et leur pensée propres, farouchement fidèles à leur héritage, fiers de leur glorieux passé. Leurs rites sont les miroirs silencieux des rites anciens ; l'innovation est refusée, ce qui ne se conforme pas aux usages est éliminé. Mais ce continuel élagage des ramilles nouvelles risque souvent de blesser la possibilité d'un sursaut de vigueur qu'on n'attendait plus de la vieille racine.

Le Juif ashkenaze, lui, a toujours répugné à contraindre en des formes rigides ce qui est insaisissable par nature. Son esprit reste vivace grâce à son sens de l'immensité, plutôt que par un sens de l'équilibre ; aussi refuse-t-il de se soumettre aux appels des rares esprits systématiques qu'il a produits. La passion de l'infini ne saurait se plier au respect des proportions et de la mesure.

Ce que les Sepharadim avaient créé, les Ashkenazim l'adoptèrent souvent et l'adaptèrent. Par le charme du Hassidisme, les riches spéculations des mystiques sepharades furent dépouillées de ce qu'elles avaient de tendu et d'austère, sans rien perdre pour autant de leur profondeur ni de leur valeur. Les doctrines de la Kabbale, hautaines et recherchées, se coulèrent en pensées « sensibles au cœur ».

Dans les temps modernes, Spinoza nous offre, en un certain sens, un exemple de la mentalité sepharade. En fait, il a emprunté de nombreux éléments de son système à la philosophie médiévale sepharade ; il a eu beau en rejeter les préoccupations essentielles, sa pensée n'en a pas moins poussé à l'extrême certaines tendances inhérentes à cette tradition. Son intellectualisme aristocratique, par exemple, l'a mené à distinguer radicalement la piété et la morale populaires de la connaissance spéculative réservée à l'élite. Dieu est conçu comme un principe de nécessité mathématique, comme une sorte de coquille logique qui engloberait toute chose ; seul un acte de pensée logique peut établir une relation entre l'homme et Dieu. Tout personnalisme est exclu. Il faut marquer combien limitée fut l'influence de la philosophie de Spinoza sur les penseurs juifs, même sur ceux qui se sont séparés de la tradition religieuse.

Les idéaux des Juifs ashkenazes étaient partagés par tous ; aussi les rapports entre les diverses couches de la Communauté — entre le lettré et l'ignorant, entre un savant de Yeshiva (1) et le boutiquier — avaient-ils un caractère d'intimité organique. La rudesse paysanne, la cordialité des gens simples, et la spiritualité sans recherche de ces prédicateurs errants qu'on appelait les *maggidim,* avaient envahi le *beth ha-midrash,* la maison de prières qui était en même temps la maison d'études. Ouvriers et paysans, portefaix, artisans, boutiquiers, tous étaient unis en la Thora. Les *maggidim* — le terme même a pris sans doute naissance en Europe orientale — n'avaient nul

(1) Ecole talmudique de niveau supérieur.

besoin de diplôme ; ils se sentaient mandatés par Dieu pour prêcher.

Ici, dans ce royaume ashkenaze, la fusion de la Thora et d'Israël était accomplie. L'idéal est devenu une route passante, les exigences de Dieu étaient la préoccupation constante de tout un peuple ; et le peuple lui-même était devenu une source de Judaïsme, une source de spiritualité. Les objectifs les plus lointains se révélèrent les plus intimes, les plus proches. Spontanément, le peuple se prit à improviser des coutumes d'une céleste solennité. Ce qui jaillissait ainsi de son propre fonds devint commandement aussi impératif que s'il provenait de la plus haute autorité. Les Juifs commencèrent à savoir ce que peut signifier le verset de Job. « Du dedans de ma chair, je contemple Dieu » (XIX, 26).

CHAPITRE TROISIEME

LES DEBAUCHES DU SAVOIR

Le facteur dominant de l'évolution du Judaïsme ashkenaze fut la démocratisation de l'enseignement talmudique à un point inconnu jusqu'alors.

Pendant les cinq siècles qui suivirent la clôture du Talmud (1), les académies babyloniennes

(1) Le Talmud est un corpus de lois, de légendes, de pensées, comprenant, sur la base du texte de la *Mishna*, des comptes rendus de discussions ou *Guemara*. Sa rédaction fut terminée au ve siècle.

conservèrent la direction de la vie juive. Les Juifs de tous les pays du monde consultaient, sur tout les points délicats ou litigieux, les *Gaonim*, les exilarques, les chefs des académies de Sura et de Pumbedita, sièges des études talmudiques en Babylonie. Dès que l'on butait sur quelque passage talmudique obscur ou ambigu, sur quelque difficulté dans l'interprétation de la Loi, sur quelque problème qui concernait la foi, on envoyait des *questions* en Babylonie. Les décisions, conclusions ou interprétations, les *responsa* de ces maîtres éminents faisaient jurisprudence.

Ce n'est que vers le XIIe siècle que l'Occident commença à s'émanciper. A cette époque en effet se produisirent deux événements littéraires qui bouleversèrent les conditions intellectuelles de l'enseignement juif : Rashi composa son vaste commentaire du Talmud, et Maïmonide publia sa codification de la législation talmudique. Ces deux œuvres donnèrent aux Juifs une décisive indépendance à l'égard des *Gaonim* dont les fonctions d'ailleurs entraient en décadence pour d'autres raisons. Il n'était plus nécessaire de porter chaque problème devant les autorités de Babylonie. Maïmonide venait de créer le premier code encyclopédique, à la fois clair et concis, couvrant tout le champ de la loi ; c'est une construction magistrale, insurpassable par la profondeur des décisions et des déductions, géniale de brièveté et de clarté, qui laisse de côté tout ce qui est argumentation et discussions dialectiques.

Mais c'est Rashi qui fut le principal artisan de l'émancipation intellectuelle du peuple. Sans commentaires, les textes juifs, et le Talmud en particulier, ne sont accessibles qu'à une élite de savants, Les commentaires anciens n'interprétaient que des passages isolés et se limitaient en général à un seul livre du Talmud. Le commentaire de Rashi explique avec une rare simplicité chaque mot, pourrait-on dire, de l'énorme texte ; il démêle les tours et les détours de la complexe dialectique talmudique ; c'est un fidèle compagnon qui se met au service de l'étudiant quelle que soit la partie du texte dans laquelle il se lance. Humblement, discrètement, il prend l'étudiant par la main et, avec le minimum de mots, lui transmet le maximum de connaissance. Une courte phrase, parfois même un seul mot, illumine ce qui semblait ténèbres impénétrables. Pas de longues dissertations abstraites sur des questions de principes, de méthode ou sur la jurisprudence ; mais ce qu'on souhaiterait trouver est là : la signification d'un terme est explicitée, les conséquences d'une affirmation sont dégagées, la ligne directrice d'une argumentation épineuse est mise en évidence.

Rashi a *démocratisé* l'enseignement juif ; il a porté la Bible, le Talmud et le Midrash jusque dans le peuple. Il a fait du Talmud un livre populaire, le livre pour tous ; irrésistiblement, l'étude gagnait du terrain, au point que, dans la plupart des communautés, un homme sans instruction était une rare exception.

Chaque maison juive d'Europe orientale, la plus humble, la plus pauvre, avait une planche couverte de livres où de majestueux in-folio pleins de morgue voisinaient avec de timides petits volumes. Et ces livres n'étaient pas un refuge contre la frustration, ni un occasionnel instrument d'édification : ils étaient le foyer d'une force vivante, la course toujours renouvelée d'un continuel travail de l'esprit. Presque chaque Juif consacrait une partie de son temps à l'étude ; il travaillait chez lui, à la maison, ou se joignait à l'un des innombrables groupes qui se constituaient pour étudier en commun le Talmud ou toute autre œuvre de la littérature rabbinique. On rencontrait des gens qui ne pouvaient commencer à prier avant de s'être rafraîchi quelque temps dans l'atmosphère sublime de la Thora ; on en recontrait d'autres qui, après la prière du matin, passaient une heure en compagnie de leurs livres avant de partir au travail. Lorsque la nuit tombait, tout le monde oubliait le tumulte et l'agitation de la vie quotidienne et allait étudier au *beth ha-midrash.* Et cependant, les Juifs n'ont pas conscience d'être « le Peuple du Livre » ; ils ne sentent pas qu'ils possèdent le « Livre », par plus qu'on ne sent qu'on possède la vie. Le Livre, la Thora, était leur essence même, tout comme eux, les Juifs, étaient l'essence de la Thora.

Voici une bourgade juive d'Europe orientale : « C'est un endroit où, de tous temps, on a étudié la Thora ; où pratiquement tous les habitants sont des lettrés, où la Synagogue, la Maison d'Etudes, est pleine d'hommes de toutes conditions sociales, éperdument jetés dans les études. C'est un endroit où, dans la nuit qui tombe, entre le crépuscule et la prière du soir, des artisans, des gens tout simples, se pressent autour des tables pour entendre parler des grands textes de la Thora, pour entendre des commentaires de l'Ecriture ou des passages de quelque traité de théologie, d'exégèse ou de morale, tel que le *Hovoth ha-Levavoth* (1)... C'est un endroit où, le Sabbat et les jours de fête, près de l'Arche sainte, du haut de la chaire tombent de flamboyants sermons qui enflamment le cœur d'amour pour la divine Présence, des sermons sertis de textes des Prophètes aux paroles consolantes, ou de paraboles acérées de nos sages, le tout prononcé d'une voix, d'un accent qui réconforte l'âme, fait se fondre le corps et pénètre tout l'être. (Mendelé Mokher Sforim).

Pauvres Juifs ! Leurs enfants ne connaissent que le goût des « pommes de terre lundi, pommes de terre mardi... » ; mais ils sont à leur table comme des princes de l'intelligence. Ils possèdent tous les trésors de la pensée, une fortune de connaissances, d'idées, de paroles accumulées au cours des âges. Dès qu'un problème est soulevé, toute une armée se lance à l'assaut, déversant opinions, arguments et citations. Soulève-t-on une question sur un passage ambigu de Maïmonide ? La lutte s'engage

---

(1) « Le Devoir des Cœurs » de Rabbi Bahya ibn Paqouda (XIe siècle), traduit en français par A. Chouraqui, *Desclée de Brouwer*, éd.

aussitôt pour un essai d'explication ; on croise de subtiles distinctions, d'habiles dialectiques, des citations inattendues. Le ventre est vide, le foyer sans attrait, mais l'esprit est gorgé des richesses de la Thora.

⁂

Bon nombre d'entre eux vivaient dans une misère épouvantable, angoissés de soucis sans fin. On trouvait partout des tavernes regorgeant d'eau-de-vie ; mais les ivrognes étaient rares parmi les Juifs. Quand venait le soir et qu'on voulait « tuer le temps », on ne courait pas au cabaret prendre un verre : on allait s'absorber dans un livre ou bien on rejoignait quelque groupe qui s'abandonnait à la joie d'étudier les livres vénérés — avec un maître, ou sans maître. Le corps épuisé par les tâches quotidiennes se penche sur les volumes ouverts, dodelinant à l'austère musique du Talmud en quête de vérité, ou aux douces mélodies de l'exemplaire piété des sages d'autrefois.

Voici ce qu'écrit un voyageur chrétien qui s'était arrêté à Varsovie pendant la première guerre mondiale : « Un jour, mon attention fut attirée par une file de fiacres stationnant dans une rue ; pas un cocher en vue. Dans mon pays, j'aurais su où les trouver. Ici, c'est un jeune Juif qui dut me mener vers eux : dans un immeuble, au second étage, j'entrai dans le *shtibl* des cochers juifs. Deux pièces : l'une est encombrée d'in-folio, l'autre est la salle de prières. Tous les cochers sont là, plongés dans une fervente discussion religieuse... Plus tard, je découvris que chaque profession, les boulangers, les bouchers, les cordonniers, avait son propre *shtibl* dans le quartier juif ; dès qu'ils pouvaient s'échapper un instant de leur travail, à la moindre minute de liberté, ils couraient à l'étude de la Thora. Et quand ils se rencontraient entre amis, l'un demandait à l'autre : « *Sog mir a chtikl Thoïre* — Parle-moi un peu de la Thora. »

Un vieux livre, rescapé des innombrables bibliothèques juives brûlées en Europe, se trouve maintenant à la Bibliothèque de la Yivo (1) à New York ; il porte le cachet de « l'Assocation des menuisiers de Berdichev pour l'étude de la Mishna (2) ».

C'était un peuple dont la berceuse la plus populaire chante : « La Thora est le bien le plus haut ». Près du berceau, les mères fredonnaient : « Dors, mon enfant, ferme les yeux ; si Dieu le veut, tu deviendras rabbin ». L'Etat n'avait pas besoin de pousser les Juifs à envoyer leurs enfants à l'école. Josué avait déjà ordonné à Israël d'étudier la Thora « jour et nuit ».

A la naissance d'un enfant, les écoliers venaient

---

(1) Institut scientifique juif.

(2) *Michna :* Recueil des décisions légales et des commentaires rabbiniques les plus anciens, qui forme le noyau du Talmud.

chanter le « Shema Israël » autour du berceau. Quand, pour la première fois, l'enfant allait au *heder,* à l'école élémentaire juive, on l'enveloppait du châle de prières comme un rouleau de la Thora. Les écoliers étaient « le saint troupeau », et, tendrement, une mère appelait son fils « mon petit *tzaddik* », mon petit saint. Les parents vendaient leur oreiller pour payer les études de leurs enfants; si le père n'est qu'un piètre savant, qu'au moins son fils ait le loisir d'étudier. Les femmes trimaient jour et nuit pour que leurs maris puissent se consacrer à l'étude. Si les exigences de la vie ne permettaient pas de consacrer beaucoup de temps à l'étude, on s'efforçait de donner le maximum d'argent pour entretenir des étudiants, ou bien l'on partageait sa maigre nourriture avec l'un d'entre eux de passage dans la ville. Et lorsque le murmure doux et mélancolique de l'étude talmudique, venu du *beth ha-midrash,* pénétrait toutes les rues avoisinantes, les Juifs exténués, étendus sur leurs grabats, éprouvaient une douce joie à la pensée que les quelques sous qu'ils avaient pu donner les faisaient participer à l'étude. Dans les petites villes, le *shamess,* le bedeau, à l'aube, allait de maison en maison, frappant aux volets clos et chantant :

Juifs, levez-vous,
Bons Juifs, Juifs saints,
Levez-vous et louez le Créateur !
Dieu est en exil,

Le *Shekhina* (1) est en exil,
Le Peuple est en exil.
Levez-vous et servez le Créateur !

Chaque Juif ambitionnait d'avoir pour gendre un savant ; un homme connaissant la Thora n'avait aucun mal à faire un riche mariage et à obtenir un *kest* (2) de plusieurs années, parfois même pour le restant de ses jours, qu'il pouvait ainsi consacrer en toute tranquillité à l'étude. Aujourd'hui, cette coutume nous paraît étrange, sinon méprisable. Mais peu d'institutions auront autant contribué au développement spirituel de larges couches populaires.

Ces études étaient désintéressées, presque totalement détachées de tout but immédiat et pratique; elles étaient, en quelque sorte, une expérience esthétique. Elles étaient détachées de tout intérêt terrestre ; on se préoccupait de problèmes qui n'avaient aucun lien visible avec la banalité de la vie courante. Celui qui poursuivait ses études dans le seul but d'un diplôme rabbinique semblait ridicule. A leurs yeux, l'étude n'était pas le moyen d'accéder à une « situation », mais une voie vers l'union avec la Source de toute réalité. A tel point

---

(1) Nom de la Présence divine parmi les hommes ; un des aspects de Dieu, Son inhabitation en nous, partageant notre exil.

(2) Partie de la dot qui consistait en l'engagement pris par le père de la mariée d'entretenir son gendre pendant un certain nombre d'années après le mariage.

que les Hassidim considéraient comme une véritable profanation l'étude dont le but était l'obtention d'un titre. Ils aspiraient à participer à la beauté spirituelle, à atteindre, par osmose, à un certain degré de purification. Emporté par la psalmodie tendre et douce des lectures talmudiques, l'esprit planait très haut, dans le pur royaume de la pensée, loin de notre monde de grossiéreté et d'inquiétude ; loin des limitations du *hic et nunc,* l'esprit prenait son vol vers les régions où la *Shekhina* se penche sur les fils des hommes qui participent à la Création de Dieu par l'étude de Sa Parole. Il y avait de la sainteté dans leur minutie, et lorsqu'ils se lançaient dans un corps à corps avec la tradition, on aurait pu entendre le cri du Psalmiste : « Mon âme a soif de Dieu, du Dieu vivant ». Ils étaient capables de pressentir le ciel dans un passage du Talmud.

Le Rabbin hassidique Soussia de Hanipol commençait un jour l'étude de l'un des traités du Talmud. Le lendemain, ses disciples, le voyant toujours penché sur la première page, pensèrent qu'il avait trouvé un texte difficile et qu'il avait du mal à le bien pénétrer. Les jours passent, et il est toujours plongé dans la première page ; les disciples s'en étonnent, mais n'osent interroger le maître. Enfin, l'un d'eux s'enhardit jusqu'à lui demander pourquoi il ne passe pas à la page suivante. Et Rabbi Soussia de répondre : « Je me sens si bien ici, pourquoi irais-je ailleurs ? »

⁂

L'étude était le grand amour de leur vie. Tout leur être était livré à la connaissance du Talmud ; tout leur effort intellectuel était mû par une passion brûlante. Comment l'esprit et le cœur peuvent ainsi se fondre : c'est là une histoire qu'on n'a jamais racontée, qu'on ne *peut* sans doute même pas raconter. Même plongés dans d'inextricables discussions casuistiques, ces hommes n'en éprouvaient pas moins l'angoisse de la *Shekhina* exilée. Tout en s'efforçant de résoudre une contradiction mise en évidence par quelque surcommentaire de commentaire du Talmud, ils étaient capables de se prendre à sangloter par sympathie pour Israël et tous ceux qui sont dans la détresse. L'étude était la technique qui leur permettait de traduire le sentiment en pensée, de transposer les rêves en syllogismes, d'exprimer la douleur en âpres difficultés théoriques et la joie en découverte d'une solution pour un passage controversé de Maïmonide. La tension de l'âme avait pour exutoire des combinaisons d'énigmes subtiles, voire insolubles. Tout frémissant d'un élan de tendresse vers le Saint, béni soit-Il, ils inventaient un nouvel outillage logique dans leurs explications de la parole de Dieu. Leur suprême plaisir était de combiner une réponse aux doutes qui les mettaient à la torture. En vérité, tout un monde de gaîté contenue, tout un monde presque espiègle palpitait dans le jeu subtil de leur *pilpoul*.

Le *pilpoul* — cette méthode de raisonnement si caractéristique — né dans les vieilles académies de Babylonie aux premiers siècles de l'ère chrétienne, n'a connu son plein développement qu'à la période d'Europe orientale. Le *pilpoul* ne vise pas à accumuler des connaissances et à en encombrer la mémoire, mais plutôt à scruter les conséquences et les prémisses de la Loi, à les discuter et à leur donner leur plein épanouissement. Toutes les doctrines nouvelles sont rattachées à l'antique et infaillible flot de la Tradition ; chacun pouvait entamer un débat avec les sages illustres des « jours d'autrefois ». On ne concevait pas de barrière entre le passé et le présent. Si l'on découvrait une divergence d'opinion entre Rabbi Akiba Eiger de Posen, qui vivait au XIXe siècle, et Rabbi Isaac Alfasi, qui vivait au Maroc au XIe siècle, il se trouvait un Polonais du XXe siècle pour démontrer la continuité de l'enseignement traditionnel à travers les nuances, les pays et les âges.

La puissance du *pilpoul* pénétra même la Kabbale. La dialectique s'unit à la mystique. Les derniers kabbalistes ashkenazes édifièrent, à l'aide des symboles mystiques, des labyrinthes si complexes que seuls des kabbalistes dotés à la fois de passion mystique et d'acuité intellectuelle pouvaient se risquer à y pénétrer.

Le sens littéral des mots, la ligne droite d'une règle générale, semblaient trop superficiels, trop maigres, trop étroits pour contenir le puissant débordement de leurs esprits. A la lumière du *pilpoul,* les mots et les concepts subirent une transformation radicale, aussi bien dans leur nature que dans leur pouvoir. L'idée la plus simple, on en découvrait la filiation dans tout un écheveau de concepts où elle se révélait, par mille implications, en relations avec tous les principes. On déduisait ainsi, des lois anciennes, de nouvelles conclusions qui permettaient maintenant de se guider dans des circonstances que les vieux livres n'avaient pas prévues.

Parfois aussi, le *pilpoul* dégénérait en stérile et gratuite gymnastique cérébrale, ne luttant plus que contre des fantômes, des fantasmagories intellectuelles. Ces déviations amenèrent plusieurs rabbins célèbres à attaquer violemment le principe même du *pilpoul.* Mais il n'en avait pas moins infusé une vitalité nouvelle à l'étude du Talmud, stimulant l'ingéniosité et l'indépendance d'esprit, encourageant les découvertes sur la base des idées anciennes. Bien plus, les tempêtes de l'âme, qu'enchaînait une stricte discipline, trouvèrent un libre passage dans cet essor de l'intellect. La pensée s'emplit de vigueur, se chargea de passion. L'esprit fondit le métal des idées talmudiques et en forgea des moules étranges et contournés où la pensée, d'abord décontenancée, perdue, parvenait en fin de compte à retrouver sa route. Ces hommes ignoraient qu'une idée peut être admise une fois pour toutes. Tout devait avoir sa raison, et ils étaient intéressés aux raisons plus qu'aux choses.

Les idées étaient comme des pierres précieuses.

La pensée qui les animait était aussi riche de nuances et de finesses que la lumière réfléchie par un prisme et qui s'étale sur tout l'éventail de l'arc-en-ciel. En tournant, ces idées aux multiples facettes répandaient un éclat scintillant qui se modifiait selon que l'idée se présentait dans telle ou telle position face à la lumière de la raison. Cette séduction pleine de grâce, cette étincelante variété d'idées illuminaient l'intelligence, éblouissaient l'œil. Les concepts acquéraient un pouvoir dynamique, une couleur, un sens, qui, à première vue, semblaient n'avoir aucun rapport l'un avec l'autre. Ce n'était pas là une pensée réaliste, pas plus que l'art véritable n'est une copie de la nature, ni les mathématiques une imitation de quelque objet existant dans la réalité.

Il est facile de dénigrer un tel état d'esprit, de mettre en évidence tout ce qui lui manque de sens pratique, de terrestre. Mais quoi de plus noble qu'un esprit dégagé de toute considération matérielle ? L'âme n'est nourrie que par la contemplation de ce qui transcende l'immédiate utilité. Le sens du transcendant est le cœur de toute civilisation, l'essence même de l'humanité. Une culture adonnée à la recherche exclusive de l' « utilisable » n'est au fond que de la barbarie. Le monde se sustente à ce qui le dépasse.

CHAPITRE QUATRIEME

UN UNIVERS DE PALIMPSESTES

Pour eux, l'Histoire n'était qu'une parabole. Les objets étaient des palimpsestes, et le ciel la tangente au cercle de tous les événements. Ils portaient la certitude que tout est une allusion à quelque aspect du transcendant, que ce qui se manifeste à l'esprit n'est que la fine écorce de ce qui demeure celé ; et souvent ils préféraient conquérir un point d'appui sur les bords mystérieux de la profondeur, au risque même d'abandonner le sol ferme du superficiel.

Les mots de la Thora, pensaient-ils, ne sauraient être saisis par l'interprétation littérale. Rien ne peut être pris littéralement, ni l'Ecriture, ni la nature. Personne, vécût-il mille ans, ne serait capable de sonder les mystères du monde. Rabbi Nathan Spira de Cracovie (XVIIe siècle), l'auteur de « Révélation des Profonds Secrets », donne deux cent cinquante-deux interprétations différentes du passage du Pentateuque où Moïse sollicite de Dieu la grâce d'entrer en Terre Promise. Un mot de la Bible, une coutume, un dicton foisonnaient de significations. L'évidence semblait trop superficielle pour être vraie. Seul le mystère possèdait un degré suffisant de probabilité ; ce qui était plat, sans profondeur était inconcevable. En toute chose, ils découvraient un sens caché.

Même dans les parties de la Bible qui traitent de lois civiles ou criminelles, ils trouvaient de profondes énigmes. Les noms de villes et de pays se révélaient pleins d'allusions. On alla jusqu'à dériver le nom yddish de la Pologne, Polin, des deux mots hébreux : *po lin,* « ici demeurer », mots écrits au ciel sur un papier que les rescapés d'Allemagne découvrirent dans leur fuite vers l'Est à l'époque de la Peste Noire et des massacres de Juifs qui l'accompagnèrent. On racontait aussi que sur les feuilles des arbres étaient inscrits des Noms sacrés, que dans les branches se cachaient des âmes errantes en attente de la délivrance que leur apporterait quelque Juif pieux qui, passant par là, s'arrêterait pour dire sous l'arbre la prière du soir.

Si l'on considère les détours d'une vie, qui pourrait se vanter de déceler le but véritable ? Tel se met en route avec l'intention de traiter une affaire, dont la véritable destinée était de s'arrêter en chemin dans une auberge et d'y prier, afin que, là aussi la pensée de Dieu puisse régner, ne serait-ce qu'une fois ; ou bien le vrai sens de son voyage n'était-il pas de porter secours à ce voyageur épuisé qu'il rencontre dans un bois ? Et ainsi, chemin faisant, s'accomplit un destin.

Un jour, raconte-t-on, Rabbi Israel Baal Shem, le fondateur du Hassidisme, paraissait soucieux, abattu. A ses disciples qui l'interrogaient, il répondit : « Il était une fois un homme au cœur pervers. Après sa mort, on ne put le sauver ; mais Dieu eut pitié de son âme, et il décida qu'il vivrait, sous la forme d'une grenouille auprès d'une source, en un pays lointain. Et si son fils passait par là et buvait de l'eau de la source après avoir prononcé la bénédiction sur l'eau, son âme serait rachetée. Mais le fils était trop pauvre pour avoir les moyens, ou même l'occasion, d'entreprendre de longs voyages. Aussi Dieu le plaça-t-Il au service d'un homme riche ; le riche tombe malade, et les médecins l'envoient de soigner dans une ville d'eaux. Voici donc notre malade dans sa ville d'eaux, et son serviteur l'accompagne. Un jour qu'ils se promenaient ensemble, le serviteur fut saisi d'une soif insupportable ; il se sentait presque défaillir tant il avait soif. (En fait, il ne souffrait autant que parce qu'il était tout proche de la source où gisait l'âme de son père). Il se met en quête d'eau et trouve une source ; mais il avait si grand'soif qu'il en oublia la bénédiction sur l'eau, et l'âme resta là, non rachetée... Le Saint, béni soit-Il, conclut le Baal Shem, avait tant fait pour que cette âme puisse être rachetée, et tout cela pour rien ! Qui peut dire quelle sera la fin de sa route ? ».

Leur pensée était marquée par la recherche du plus subtil, mais leur mode d'expression est caractérisé par une tendance à la concision, en particulier chez ceux qui s'engageaient dans la mystique. Leurs paroles sautent d'un seul bond jusqu'à l'idée, au lieu de se livrer à de lents et progressifs travaux d'approche. Les Juifs de l'Europe orientale aimaient les formules elliptiques, les phrases incisives, la lueur vive d'une parole bien placée, l'éclair mordant d'une idée. Leur langage était bref, net, vif et direct ; une allusion, et l'on s'était compris ; avait-on dit un mot, ils en entendaient deux. S'étendre sur une prémisse évidente leur semblait grossier et futile bavardage.

Les doctrines audacieuses se déguisaient en allégories, ou même en amusantes maximes ; une banalité apparente renfermait souvent une pensée sublime. De saints hommes paraissaient-ils discuter de la construction d'un toit, parlaient-ils tuiles et poutres, ils discutaient en fait des mystères de la Thora. Toute une conception de la vie s'enfermait dans les histoires simples qu'on racontait, après la cérémonie de *habdalla,* tout en buvant du thé, au Sabbat finissant. Des plaisanteries sans signification profonde eussent paru manquer de goût ; l'humour qu'on aimait vraiment était celui qui s'exprimait en quelque historiette d'où jaillissait soudain un sens enchanteur comme une fenêtre qui s'ouvre sur la forêt.

Leurs plaisanteries étaient teintées d'intelligence. Les jeux de mots, tel celui de Heine (« J'étais assis près de Rothschild et il me traitait d'égal à égal, tout à fait comme un « famillionnaire »), sont d'un humour qui leur est totalement étranger. Les calembours sont presque inconnus en yddish, et en hébreu, si l'on en fait, ce n'est pas pour faire un « mot d'esprit », mais pour mettre en évidence un rapprochement de symboles. Une difformité, une faiblesse physique ne sont pas non plus une source de comique. Ils ne riaient pas tant de l'incongruité de quelque événement inattendu, du gauchissement d'une situation donnée, que de notions préconçues et d'inventions illogiques. La tendance favorite de leur esprit était de tourner en ridicule les illusions de logique et non d'expression. Leurs histoires drôles seraient une parfaite illustration de l'erreur et de l'illusion sophiste, telles qu'on les décrit en logique formelle.

⁂

Il faut nous familiariser avec l'échelle de valeurs qui caractérisait les Juifs d'Europe orientale, si nous voulons comprendre pourquoi ils appliquaient le meilleur de leur intelligence à l'étude, à l'interprétation et à l'exposé de la Thora. Pour eux, le monde n'est pas une épave que le Créateur aurait abandonnée au hasard. La vie, telle qu'ils la concevaient, n'était pas une occasion de se laisser aller, un agréable passe-temps, mais au contraire une mission confiée à chaque individu, une entreprise qui engage notre propre responsabilité au moins autant que, par exemple, la conduite d'une affaire. Chaque homme produit constamment des pensées, des mots, des actes, qui le livrent soit aux puissances de sainteté, soit aux puissances d'impureté. Constamment, l'homme est engagé dans une construction ou dans une destruction. Mais sa tâche est de réparer, par l'accomplissement de la Thora, ce qui a été affaibli, diminué, brisé dans le cosmos ; la place de l'homme est sur le chantier du monde pour l'amour de Dieu.

En Europe orientale, ceux qui se livraient à l'étude se sentaient rarement attirés par un désir d'austère ascétisme ; ils n'appréciaient guère une discipline comme une fin en soi. Ce qui comptait pour eux, c'était avant tout la gravité de leur mission, la conviction que le monde ne saurait subsister sans la Thora. Et c'est ce sentiment qui donnait à leur vie la qualité d'une œuvre d'art sculptée, non point dans la pierre ou le bronze, mais dans la substance mystique de l'univers.

Certains savants vouent leur vie à l'étude des mœurs des insectes, ou aux propriétés des plantes ; le moindre détail leur apparaît plein de signification ; ils se plongent avec passion dans les aspects les plus complexes des choses. C'est avec la même passion que les pieux savants ashkenazes scrutaient les lois qui devraient gouverner la conduite humaine. La rigoureuse probité, l'inlassable dévouement qui caractérisent leurs études, ne trouvent d'équivalent que dans le travail des entomologistes ou des botanistes. Dans leur désir de bannir le chaos de l'existence humaine, de civiliser la vie de l'homme selon les données de la Thora, ils tremblaient pour chaque geste, pour le moindre souffle ; il n'est pas de détail qu'on puisse prendre à la légère : tout est important. De même que la dévorante passion de l'homme de science semble une torture au débauché, la poésie de leur rigorisme blesse l'oreille du cynique. Mais peut-être, après tout, connaître l'exacte bénédiction à prononcer sur telle sorte de nourriture, savoir harmoniser le matériel avec le spirituel, sont-ils des choses dont, simplement, nous méconnaissons l'importance.

L'homme n'a pas encore quitté autant qu'il semble le croire les rives du chaos. Un frénétique appel au désordre retentit de par le monde. Où est la force capable de contrebalancer les effets de cet appel plein de séduction ? Le monde ne peut rester un vide. Ou bien nous serons les ministres du sacré, ou bien nous serons les esclaves du mal.

La seule sauvegarde contre un danger constant est une constante vigilance, une direction prise pour chacun de nos pas.

Les hommes qui ignorent la liberté sont horrifiés à l'idée qu'ils pourraient accepter une discipline spirituelle. Ne distinguant pas le contrôle de soi de la tyrannie extérieure, ils préfèrent souffrir plutôt que de se soumettre à une autorité spirituelle. Seul l'homme libre, prêt à renoncer à ses caprices, ne confond pas maîtrise de soi et abdication.

Ce serait d'ailleurs une erreur que de caractériser la piété du Juif d'Europe orientale par une sorte d'ascèse. Ils ne sentaient pas la nécessité d'une restriction, même librement consentie, car ils avaient une claire compréhension du sens spirituel de l'obéissance à la loi. Ils éprouvaient tant de joie à l'accomplissement des *mitzwoth,* des « bonnes actions », qu'ils se demandaient s'ils avaient encore quelque droit aux récompenses que leurs rabbins leur promettaient dans le monde à venir.

Une femme se plaignait au rabbin de Tel-Aviv que ses fils aient abandonné la voie de la religion; ils étaient Haloutzim, de rudes pionniers qui avaient rejeté études et ambitions pour draîner les marais de la Terre Sainte. « Je sais bien, disait-elle, que mes fils sont de bons enfants et qu'ils hériteront du monde à venir. Mais je pleure à l'idée qu'ils ne profitent pas des joies de ce monde-ci, des joies que l'on éprouve à accomplir la Thora. »

Le *Shoulkhan' Aroukh,* pour celui qui n'en vit pas, est comme la partition d'une symphonie pour un homme qui ne sait pas lire la musique ; pour le Juif pieux, la Loi juive est une mélodie sacrée. Le divin chante dans les actes nobles. L'effort de l'homme n'est que le contrepoint de la volonté de Dieu.

Mais une telle conception est lourde d'engagement. Le Juif doit se surpasser pour être normal. Pour être un homme, il doit être plus qu'homme. Pour être un peuple, les Juifs doivent être plus qu'un peuple.

CHAPITRE CINQUIEME

LA FERVEUR ASHKENAZE

De même que Rashi démocratisa l'éducation juive, Rabbi Jehuda le Pieux et son école de Hassidim propagèrent, aux XIIe et XIIIe siècles, l'idéal de piété mystique. Il n'était pas besoin d'extraordinaires facultés intellectuelles pour atteindre à cet idéal : on exigeait simplement la foi, un cœur pur, une vie tournée vers l'intérieur. On estimait la piété plus que la science ; la sincérité l'emportait sur la spéculation ; l'homme qui craignait Dieu était supérieur au savant. Ils ouvrirent ainsi une large avenue qui menait vers Dieu les simples mortels.

Ces Hassidim du Moyen Age mettent inlassablement l'accent sur l'importance de la prière. Le livre de prières, le *siddour,* ils l'aimaient avec passion ; c'est dans notre littérature un ouvrage qui, plus que tout autre, parle droit au peuple ; chaque mot en est un bijou précieux. On se mit à compter le nombre de mots des prières, croyant qu'elles contenaient tout un monde de mystères. Ils travaillèrent à découvrir les antiques secrets que les Prophètes transmirent à leurs disciples, et qui, depuis, sont révélés de bouche à oreille, de Maître à disciple, dans de rares cercles d'initiés — c'est Rabbi Eleazar de Worms, mystique du treizième siècle, qui nous l'apprend.

Et cependant, cette méditation sur les mystères n'était pas leur unique aspiration. La prière gauche mais sincère de l'homme simple, sans éducation, monte plus haut que les prières pédantes et compassées des hommes bourrés de connaissances.

On enseignait au Hassid l'indulgence envers le monde entier, la patience, la douceur, la bienveillance dans le jugement, l'amour envers les hommes comme envers les bêtes ; il était effacé, modeste, fuyait les honneurs, servait Dieu par amour de Dieu et non dans l'espoir d'une récompense. Dans la piété hassidique, nous trouvons au premier plan un continuel examen de conscience et le repentir accompagné d'exercices d'ascétismes. Même celui qui ne se sentait pas chargé d'un lourd fardeau de péchés se repentait pour les péchés des autres.

Ces Hassidim attachaient une importance particulière aux coutumes — *minhaggim* — qu'avaient adoptées les hommes pieux, aux usages qui n'avaient pas été déduits des textes par une interprétation scolastique, mais par une improvisation libre et instinctive. Ils commencèrent à mettre par écrit les coutumes introduites par diverses personnalités, pratiquées dans certaines communautés. On composa des livres pour apprendre au peuple les bonnes manières, la politesse, la courtoisie dans les rapports sociaux. Dans le même esprit, on conçut des ouvrages populaires, de style simple et poétique, imagés de fables et de contes. On n'y disputait pas dans l'abstrait d'un idéal élevé, mais on y prêchait la morale dans un langage accessible à tous. Il se créa toute une littérature en *Teitch* — Yddish — à l'usage des femmes. Pendant des siècles, les femmes juives ont lu le *Lev Tov,* le « Bon Cœur », et le *Tzeena ou Reena,* le « Sors et vois », abrégé populaire de la Bible ; elles purent épancher leur cœur dans des *tehinoth,* pieuses et tendres prières écrites par des femmes pour des femmes.

Les temps étaient durs, on persécutait et on chassait les Juifs de tous côtés. Les massacres étaient monnaie courante ; on égorgeait les Juifs comme des moutons. Mais, patiemment, ils supportaient leur sort, se sacrifiant avec ardeur pour leur foi. Le *Sefer Hassidim,* le « Livre des hommes pieux », qui contient les maximes et les pensées des Hassidim ashkenazes, juge nécessaire de réconforter ceux « qui meurent dans leur lit » sans avoir eu le privilège de mourir pour la Sanctification du Nom divin. La vie en ce qu'elle a de meilleur est vécue sur un champ de bataille spirituel. L'homme doit lutter sans répit contre le mauvais penchant, « car l'homme est comme sur une corde dont une extrémité est tirée par Dieu, et l'autre par Satan ». Le Juif doit donc apprendre la tactique propre à cette guerre. Il lui faut renoncer à tout ce qui n'est pas l'essentiel, éviter ou vaincre les tentations. Et si quelqu'un trébuche (Dieu l'en préserve !), son erreur peut être expiée par la mortification et un certain nombre de jours de jeûne qui aident l'âme à se purifier de sa souillure.

C'est pourquoi il arrivait à d'illustres savants de fermer leur Talmud et de partir pour une vie errante, pour un « exil » qu'ils s'imposaient, loin de chez eux, parmi des étrangers, afin de supporter les humiliations et de boire à la coupe des privations et de la misère.

*
**

Au XVIIe siècle, les enseignements mystiques du Zohar et de Rabbi Isaac Louria de Safed commencèrent à pénétrer en Pologne. Les Rabbins autorisèrent l'impression des ouvrages ésotériques, et le peuple fut saisi d'une véritable passion pour les études kabbalistiques qui, jusque-là, avaient été l'apanage de cercles restreints et qui devinrent alors accessibles à tous.

Cette large diffusion de la pensée mystique marqua profondément la vie des Juifs en Europe orientale. La Kabbale les doua d'un sens du mystère qui imprègne toute chose.

Pour un esprit analytique, le monde est comme brisé en deux parties bien distinctes : il est scindé en connu et inconnu, en visible et invisible. Mais dans la contemplation mystique, tout est perçu dans l'unité. L'esprit mystique tend à saisir la cohésion de l'univers, à percevoir le visible dans ses rapports avec l'invisible, à maintenir la liaison avec l'inconnu par la porte battante du connu. Les kabbalistes savaient que ce qui est perceptible aux sens n'est que l'étroite lisière d'un mystère insondable. Les choses de ce monde plongent leurs racines dans l'invisible, conservant de secrets rapports avec ce que l'œil ne saurait connaître. Tout témoigne du transcendant ; le non-sensible est étroitement associé à toute activité du sensible. Chaque action d'ici-bas provoque toujours, de quelque façon, un reflet dans l'au-delà. Tous les objets d'en bas sont symboles de ce qui est en haut ; ils se sustentent aux forces qui coulent des mondes cachés. Ce qui est de notre monde est soumis à l'autre monde. On ne peut saisir l'essence de ce qui est ici qu'en comprenant ce qui est au-delà, dans le monde réel de l'esprit en extase.

Mais, pour nous qui vivons en léthargie, le mystère ne se manifeste pas dans son entier. Notre conscience normale est un état d'engourdissement où notre sensibilité à la réalité absolue, où notre réaction aux impulsions de l'esprit sont fortement affaiblies. Les mystiques, connaissant l'insertion de l'homme dans l'histoire secrète du cosmos, s'efforcent de secouer l'apathie, la somnolence qui pèse sur les âmes enchaînées, et de ramener à un parfait éveil leurs âmes engourdies.

Les kabbalistes estompaient les frontières entre le connu et l'inconnu, le révélé et le caché, le fini et l'infini. Les actes les plus familiers, les gestes les plus coutumiers, ils ne les concevaient que flottant dans le courant puissant des mystères illimités ; les hommes prenaient conscience de cette mer où le monde n'est qu'une goutte.

Cet attachement aux mondes cachés maintenaient les kabbalistes sous le charme de choses plus essentielles que celles qui retiennent ordinairement l'intérêt. Ils étaient pénétrés de l'idée que, non seulement Dieu est nécessaire à l'homme, mais aussi l'homme nécessaire à Dieu, que tous les actes de l'homme sont d'une importance capitale pour tous les mondes, et influencent le déroulement des principes transcendants ; aussi les prédicateurs kabbalistes et leurs écrivains populaires s'efforçaient-ils de persuader tous les Juifs de l'importance suprême que revêt la moindre action. Une conviction profondément enracinée dans le peuple prit naissance : ce qui se passe « en haut », dans les sphères supérieures, repose sur l'homme d' « en bas ». Par chaque action sanctifiée, par chaque pensée pure, l'homme agit dans les mondes célestes. Un acte de piété est un mystère ; grâce à la dévotion, l'homme bâtit constamment des mondes spirituels dont l'esprit ne saurait même concevoir l'essence, aussi longtemps qu'il appartient encore à ce monde-ci. Chaque acte s'imprime ainsi dans les sphères supérieures, et aussi dans ce monde-ci. Architecte des mondes cachés, chaque Juif pieux est, en partie, le Messie.

Selon la Kabbale, la Rédemption n'est pas un événement qui doit se dérouler d'un seul coup « à la fin des jours », ni un phénomène réservé au seul peuple juif. C'est un processus continu, jouant son rôle en chaque instant. Les actes positifs de l'homme sont des répliques particulières dans le grand drame de la rédemption, et ce n'est pas le peuple d'Israël seul qui est en jeu, mais l'univers entier. La *Shekhina* elle-même, la divine Présence, est en exil. Dieu est impliqué, si l'on peut ainsi s'exprimer, dans la tragique situation de Son monde ; Sa *Shekhina* « gît dans la poussière ». Ce sentiment d'une divine Présence en chaque souffrance humaine se grava de façon indélébile dans la conscience des Juifs d'Europe orientale. Tous leurs efforts tendaient vers un seul but : « réparer » l'univers, le ramener à sa perfection originelle.

C'est là le sens de la vie de l'homme : parfaire l'univers. Il faut retrouver, rassembler et libérer les étincelles de sainteté répandues dans les ténèbres du monde. Telle est la fonction, telle est la raison, de tous les préceptes et de tous les actes rituels. L'homme détient les clés qui peuvent faire tomber les chaînes du Rédempteur. Mais le Juif, à qui incombe le devoir de libérer le monde, peut détruire aussi bien que construire. Doué d'une puissance gigantesque, il peut atteindre aux sphères les plus élevées ; mais en même temps, il lui faut ne pas oublier que ses pieds sont posés sur le sol, tout près des puissances de ténèbres. L'impulsion mauvaise peut, très facilement, s'emparer de lui, et alors, au lieu de monter, il est précipité jusqu'aux abîmes.

Chaque péché amène à l'existence une force démoniaque douée de vie, au pouvoir pervers, cherchant à concrétiser la réalité du mal, à nuire, à tromper. Quelle terreur que de vivre en notre monde ! L'atmosphère y est peuplée d'une foule immense de créatures malignes engendrées par les actes mauvais. Et toute cette guerre meurtrière, tous ces dangers, tous ces ennemis, c'est l'homme lui-même qui les a créés !

Jamais dans l'histoire juive, le sentiment du pouvoir du mal n'avait été aussi pénétrant, aussi obsédant qu'aux dix-septième et dix-huitième siècles en Europe. Mais les Juifs restaient fortement persuadés qu'en fin de compte l'homme l'emportera sur les puissances du mal ; aussi mobilisèrent-ils toute leur force pour tenter de vaincre en eux-mêmes, dans leur propre cœur, le redoutable adversaire, l'appel du monde brut de la matière. Ils jeûnaient le lundi et le jeudi et s'imposaient de cruelles mortifications afin de se purifier. Ils croyaient que l'impulsion mauvaise est sans cesse à la poursuite de chaque homme, prête à le terrasser au moindre faux pas. Cet état d'esprit les plongeait à la fois dans l'extase et dans la tristesse : ils éprouvaient la beauté infinie du ciel, les saints mystères du sacré, mais aussi la ténébreuse menace de ce monde. L'homme est si indigne, si proche de l'ignominie, et les cieux sont si élevés, si lointains — que peut-on, que doit-on faire pour ne pas tomber dans l'abîme ?

⁂

C'est alors que vint Rabbi Israël Baal Shem. En plein cœur du dix-huitième siècle, il fit descendre les cieux sur la terre. Avec ses disciples, les Hassidim, il bannit de l'âme la mélancolie et révéla la joie ineffable d'être juif. Dieu n'est pas seulement le créateur des cieux et de la terre, Il est aussi Celui qui « a créé le plaisir et la joie ». Voici comment s'exprime un des grands penseurs hassidiques : « Quand nous parlons de la joie nécessaire, nous ne pensons pas seulement à la joie qu'on éprouve à accomplir les commandements, car seules les âmes remarquables ont la faculté d'éprouver spontanément une telle joie ; et l'on ne peut demander à tous les Juifs d'être remarquables. Ce à quoi nous pensons, c'est : être libéré de la tristesse. Un Juif qui ne se réjouit pas du fait d'être juif est ingrat envers le ciel ; il prouve par là qu'il n'a pas réussi à saisir ce qui signifie « être né juif ». Même les réjouissances courantes ont leur véritable racine dans la sainteté. Le feu du mal est plus efficacement combattu par les flammes de l'extase que par le jeûne et les mortifications.

Le Judaïsme en fut comme ressuscité. Les versets bibliques, les préceptes rituels, les coutumes, prirent soudain le parfum du grain nouveau. On ajouta une nouvelle interdiction : « Défense d'être vieux ! ». Le Baal Shem nous rajeunit de mille ans. Les Juifs tombèrent amoureux du Seigneur et éprouvèrent « un tel désir de Dieu qu'on ne pouvait le supporter ».

Ils commencèrent à se laisser envahir par la douceur infinie qui vient de l'accomplissement du précepte d'hospitalité ou du précepte du *tallith* et des *tephillin* (1). Que peut faire un Juif de sa vie sinon apprendre à ressentir le goût du ciel ? Celui qui n'éprouve pas ce goût de Paradis qu'apporte l'accomplissement d'un précepte, en ce monde, ne sera pas capable d'éprouver le goût du Paradis dans le monde à venir. Et ainsi les Juifs commen-

(1) Cubes de cuir contenant des textes bibliques écrits sur parchemin. En exécution du précepte donné par Deutéronome XI, 18, les *tephillin* sont attachés sur le bras gauche et sur le front pendant l'Office du matin, en signe de l'Alliance établie entre Dieu et Israël.

cèrent à ressentir, dans une mélodie sacrée, la vie éternelle et à accueillir le Sabbat comme un éclatant avant-goût de la vie à venir.

Grande agitation à Strelisk ! Les Hassidim dansaient dans les rues. Rabbi Mendel, le rebbe de Kossov, était venu passer une journée avec son beau-frère, le rebbe de Strelisk, Rabbi Uri, surnommé le Séraphin, le brûlant, à cause de son âme ardente et de sa perpétuelle ferveur. Nul n'ignorait que pour ces deux *tzaddikim,* ces deux hommes justes et saints, les portes du ciel étaient ouvertes. Le rebbe de Kossov détenait la clé qui ouvrait le céleste Trésor d'Abondance ; celui qui avait reçu sa bénédiction n'avait plus à se préoccuper de gagner sa vie. Et le Séraphin détenait la clé qui ouvrait le céleste Trésor de Sainteté. Les Hassidim disciples du rebbe de Kossov étaient donc tous gens cossus, certains même fort riches, tandis que les Hassidim du Séraphin étaient des hommes vraiment saints, mais fort pauvres. Mais qu'ils étaient heureux, les disciples du Séraphin ! Ils étaient tout frémissants de vivre auprès d'un tel Maître, et ils connaissaient toutes les joies et toutes les extases de la prière et du service de Dieu. Trois fois par jour, se livrait la grande guerre de la prière, et ils s'y jetaient avec un courage indomptable comme pour donner l'assaut aux secrètes forteresses du ciel. Et quand la bataille avait pris fin, ils se retrouvaient épuisés, et tout étonnés d'avoir miraculeusement survécu.

Le rebbe de Kossov, hôte distingué, était quelque peu choqué à la vue de l'extrême misère où vivaient les Hassidim du Séraphin. Evidemment, il avait entendu parler de leur pauvreté, mais ce qu'il voyait maintenant, — ces corps amaigris, ces haillons, — dépassait ce qu'il avait pu imaginer. Entrant en grande colère, il se tourne vers son beau-frère : — « Pourquoi permets-tu cela ? » — « Crois-moi, répondit l'autre comme pour s'excuser, je n'y suis pour rien. Ils n'ont vraiment aucun besoin. »

La réponse ne parut pas satisfaisante au rebbe de Kossov. Tard dans la soirée, quand eut pris fin la grande réception organisée en l'honneur de l'hôte, quand cessèrent les danses et les chants, il convoqua tous les Hassidim du Séraphin.

— « Quel est, dites-moi, votre plus cher désir ? Les Hassidim étaient embarrassés. Leur plus cher désir, bien sûr, était d'atteindre la parfaite sainteté : devenir capable de dire, ne fût-ce qu'une seule prière, dans le même esprit que leur rebbe ! Mais qui oserait jamais rêver une aussi audacieuse ambition ? Le rebbe de Kossov devient plus précis:

— « Et vos moyens d'existence ? » Ce fut une surprise. Bien sûr, admirent-ils, ce serait une bonne chose que de ne pas manquer toujours de tout. Ils pensèrent à leurs femmes, aux dots pour leurs filles qui grandissent déjà. Et le rebbe de Kossov reprend la parole : — « Ecoutez-moi ! demain, ce que vous demanderez dans vos prières du matin, sera accompli. »

Ce fut une nuit bien agitée. Ils passèrent des heures sans trouver le repos, se répétant inlassablement qu'ils devaient demander de quoi vivre ; ils s'enfonçaient cette idée dans la tête. *Pourvu qu'ils n'oublient pas !* C'était une occasion qui ne se présenterait jamais plus.

Tôt le matin suivant, quand le Séraphin apparut dans la synagogue, rugissant comme un lion « *Adon olam* » — « Seigneur d'éternité », les Hassidim rallièrent la tumultueuse bataille. Il s'en fallut de peu que leurs chants déchirent le monde en deux, et ils faillirent perdre leur âme sur le chemin du ciel ; bref, ils oublièrent totalement la leçon qu'ils s'étaient si bien répétée durant toute la nuit...

Après l'office, se remettant peu à peu de leur épuisement, ils revinrent à la réalité avec consternation : — « Oy ! oy ! Oublié, complètement oublié ! »

Les Hassidim conquirent une si grande force intérieure qu'ils cessèrent de redouter la chair. Ne lui imposez pas de souffrance, ne la tourmentez pas — il faut avoir pitié de la chair. « Ne te détourne pas de ta chair », disait le Prophète Isaïe (LVIII, 7). On peut servir Dieu même avec son corps, même avec l'instinct du mal ; il faut seulement savoir distinguer l'or des scories. Notre monde n'acquiert quelque parfum que lorsqu'il s'y mêle un peu de l'autre monde. Sans la noblesse, la chair n'est que ténèbres. Les Hassidim ont toujours affirmé que les joies de ce monde ne sont pas les plus hautes qu'on puisse atteindre, et ils attisaient en eux-mêmes la passion du monde spirituel, le désir des joies du monde à venir.

Au cours de sa vie sur terre, l'homme peut goûter à la fois ce monde-ci et le monde à venir, mais il faut prendre garde à ne pas confondre les joies du monde et les joies suprêmes, la terre et le ciel.

On relate l'histoire d'un *melammed,* d'un instituteur qui partit à pied faire un pèlerinage auprès de son rebbe qui vivait dans une ville lointaine. C'était l'hiver. La route était mauvaise, et le temps sinistre. Or, l'homme le plus riche de la ville passait par là dans une calèche somptueuse tirée par quatre chevaux, sans compter deux chevaux de réserve à l'arrière. Voyant le *melammed* se traîner péniblement avec son baluchon, il donna l'ordre à son cocher d'arrêter et demanda : — « Où t'en vas-tu comme cela ? » L'autre le lui dit. — « Eh bien, poursuit le riche, monte avec moi et je te conduirai là-bas. » — « Pourquoi pas ? » s'écrie l'instituteur, et le voilà dans le carrosse. Le voyage fut merveilleux ; les chaudes couvertures de laine faisaient oublier l'hiver ; son hôte lui offrait tantôt un verre d'eau-de-vie, tantôt un morceau de gâteau, puis une cuisse d'oie rôtie, puis un autre petit verre. Bref, notre homme était comme un coq en pâte. Se tournant vers l'homme riche, il lui demanda tout à coup : « Dis-moi maintenant, je te prie, quels sont tes plaisirs terrestres ? »

L'autre le regarde, tout ébahi. — « Mais ne vois-tu donc pas ? Cette voiture, ces chevaux, cette délicate nourriture dont même les voyages ne me privent pas ; voudrais-tu me faire croire qu'à tes yeux ce ne sont pas des plaisirs suffisants ? »

— « Non, dit le *melammed* ironiquement, ce sont là tes plaisirs célestes, les plus hauts de tes plaisirs ; mais, dis-moi, quels sont donc tes plaisirs terrestres ? »

La perception du spirituel, l'expérience du merveilleux devinrent le bien commun. Il arrivait souvent que les hommes les plus ordinaires ressentissent ce que les savants bien souvent n'avaient pu éprouver. Et, en vérité, le soupir d'un cœur contrit, un renoncement insignifiant, un petit sacrifice ne l'emportent-ils pas sur les mérites d'un homme gavé d'érudition et d'orgueil ?

Pour beaucoup de gens, l'enseignement était devenu une sorte d'idole qui avait déprécié les qualités du cœur. Les excès du *pilpoul* avaient trop souvent desséché les sources de l'âme, et n'étaient plus l'objet que d'une prétentieuse gymnastique cérébrale. Et aux yeux du Hassid, une telle complaisance envers soi est une maladie plus grave que le péché. Ouvrant un volume du Talmud, il soupirait : Seigneur, Maître du Monde, peut-être suis-je l'un de ceux dont il est écrit : de quel droit proclames-tu Mes Lois ? (Psaumes, L, 16). »

CHAPITRE SIXIEME

« CAR LA TERRE EST A MOI »

On raconte l'histoire d'un homme fort savant qui rendait visite à un rebbe. Le savant n'était plus un enfant — il approchait de la trentaine — mais il n'avait encore jamais visité de rebbe.

— « Qu'as-tu fait jusqu'à présent ? » demande le Maître.

— « J'ai traversé trois fois le Talmud en entier, répond le savant.

— Fort bien ! Mais le Talmud t'a-t-il traversé, toi ? » dit le rebbe.

Une trop abrupte minutie à observer la Loi risque de faire oublier la présence vivante du Seigneur. Et quel est le but principal de l'observance, sinon de sentir l'âme, l'âme en soi-même, en la Thora, dans le monde ? L'homme n'est pas purement et simplement un reflet d'en-haut ; il est une source jaillissante. S'il se débarrasse de son écorce, s'il se dévêt de ses enveloppes de ténèbres, il est capable d'illuminer le monde. Dieu a déposé en l'homme quelque chose de Lui-même.

Israël, en particulier, vivant pour « l'accomplissement de la Thora », est d'une importance primordiale. C'est pourquoi Dieu est véritablement impliqué dans le sort de Son peuple bien-aimé. Dieu est infini ; Il est « le Secret d'entre les Secrets » qu'aucune pensée ne saurait concevoir ; mais lorsqu'un Juif a épuisé toutes ses forces à appeler Dieu, à Le désirer, il finit par s'écrier : « Doux Père ! » Il est de notre devoir d'obéir à notre Père des cieux, mais Dieu en retour S'est engagé à prendre en pitié Ses enfants. Et en vérité, Sa compassion est inépuisable. Voici comment priait Rabbi Aaron le Grand : « Je souhaiterais pouvoir aimer l'homme le plus saint d'Israël comme Dieu aime l'homme le plus vil d'Israël ». Et cependant, les souffrances de l'exil deviennent parfois presqu'impossibles à supporter ; le secours du ciel tarde. Alors le célèbre Maître hassidique,

Rabbi Levi Isaac de Berditchev cite Dieu à comparaître en une sorte de jugement.

En 1917-1918, alors que les pogroms déferlaient en Podolie, le sociologue David Koigen, qui avait entrepris une étude de ces événements, avait été frappé de voir que toutes les vagues de meurtres avaient contourné et épargné une certaine ville. D'autres villes avaient souffert de plusieurs pogroms successifs, et cette ville-là, pourtant située sur la route des hordes déchaînées, restait comme cachée, invisible aux meurtriers.

Un jour, il rencontra un habitant de cette ville et lui demanda comment ils avaient réussi à être protégés. L'homme lui dit : « Il n'y a pas de quoi être étonné. Nous avons un contrat. Il y a bien longtemps vivait dans notre ville un grand *tzaddik*. Un certain vendredi, il lui fallut aller à une ville voisine pour accomplir une *mitzwah* (1). Mais il hésitait un peu : comment entreprendre un tel voyage à la veille du Sabbat ? Le moindre retard lui interdisait de terminer son voyage avant le Sabbat ; et cependant, la chose était urgente, et, sauf imprévu, il devait être possible de faire l'aller et retour avant le coucher du soleil. Il partit, accomplit la *mitzwah,* et se remit en route pour rentrer chez soi. Le cocher claque son fouet et les chevaux s'élancèrent. Mais l'imprévu arriva : la route s'allongeait et s'allongeait, et quand enfin la

(1) Commandement de la Thora : accomplissement d'une pieuse action.

voiture pénétra dans la ville, les bougies du Sabbat brillaient déjà dans toutes les maisons juives. Le *tzaddik* était hors de lui, il ne pardonnait pas à Dieu de l'avoir traité de cette façon. Dans sa colère, il refusa absolument de prononcer le *kiddoush,* la bénédiction sur le vin qui ouvre le Sabbat. Grand émoi dans les Cieux ! Mais le *tzaddik* ne cédait pas ; il refusa de pardonner jusqu'à ce qu'il ait reçu la promesse qu'il n'y aurait jamais de pogrom dans sa ville. C'est alors seulement qu'il fit son entrée dans le Sabbat ».

Il arriva aussi que le Baal Shem, passant un Sabbat par un petit village, y descendit dans une auberge. Comme le saint jour touchait à sa fin, l'aubergiste, comme à l'accoutumée, fit appeler tous les Juifs du village pour que tous ensemble célèbrent le Troisième Repas avec des chants et des cantiques. Le Baal Shem s'étonne : « Pourquoi vous contentez-vous de prendre tous les autres repas du Sabbat en famille, alors que pour le Troisième Repas, il vous faut réunir toute la communauté ? » Et l'aubergiste de répondre : « Parce que, lorsqu'un homme va mourir, dix hommes se réunissent autour de son lit de mort. Quand le Sabbat s'en va, l'âme supplémentaire dont nous sommes dotés ce jour-là nous quitte aussi ; et le Troisième Repas, c'est comme l'instant où une partie de nous-mêmes est en train de mourir ».

⁂

L'instant présent débordait ses limites ; le peuple ne vivait pas chronologiquement, mais confondait passé et présent. On vivait en compagnie des grands hommes du passé ; on ne se contentait pas de répéter l'histoire des héros, mais le passé vivait dans leurs émotions et dans leurs rêves. Les Juifs, en étudiant le Talmud, se sentaient parents des Sages d'autrefois. Elie le Prophète était présent aux circoncisions et les esprits des Hôtes sacrés — Abraham, Isaac, Jacob, Moïse, Aaron, Joseph et David — venaient leur rendre visite dans leurs cabanes à la fête de Souccoth (1). C'est parmi ces Juifs que vivaient les trente-six Tzaddikim (2), inconnus de tous mais dont la sainteté soutient l'univers. L'âme de chaque Juif, même le plus simple, était à chaque instant prête à accueillir le Messie. Si le Prophète Isaïe s'était levé de sa tombe et avait pénétré dans la maison d'un Juif, sans prévenir, à n'importe quel moment, les deux hommes se seraient compris.

Koretz, Karlin, Bratzlaw, Loubavitch, Guer, Lublin — des centaines de petites villes qui étaient

(1) Selon le Zohar (III. 103 b), quand un homme est dans la *soucca* (cabane rituelle de la fête des Cabanes) « à l'ombre de la foi, la Shekhina déploie sur lui ses ailes » et les hôtes sacrés « demeurent auprès de lui ».

(2) Hommes saints vivant à chaque génération : c'est en leur faveur que la Miséricorde divine s'étend sur le monde. Ce sont généralement des gens pauvres, ne se distinguant par aucun trait spécial, de sorte que leur sainteté reste inconnue même pour leurs proches.

comme des livres saints. Chacun de ces lieux était un modèle en même temps qu'un aspect de la vie juive, et aussi une manière d'être Juif. Quand un Juif parlait d'une ville comme Medzibozh ou Berditchev, c'était comme s'il parlait d'un mystère divin. Une splendeur surnaturelle rayonnait des actions quotidiennes .

— « Pourquoi vas-tu voir le rebbe ? » demandait-on à un éminent rabbin accablé de travail mais qui ne s'en imposait pas moins un long et pénible voyage pour passer un Sabbat chez un Maître.

— « Pour être auprès de lui et le voir lacer ses chaussures », fut la réponse.

Quand les Hassidim se réunissaient, ils se racontaient comment le rebbe ouvrait une porte, comment il portait la nourriture à sa bouche — tous ces gestes ordinaires et cependant miraculeux.

Quel besoin avaient-ils de discuter de la foi ? Comment peut-on ne pas sentir la présence de Dieu dans le monde ? Comment peut-on être assez aveugle pour ne pas voir que la terre entière est pleine de Sa Gloire ? Il était vraiment inutile de prêcher à ces Juifs la nécessité d'accomplir les six cent treize prescriptions déduites de la Thora. Vivre selon les règles du *Shoulkhan 'Aroukh* était devenu pour eux une seconde nature. Mais les Juifs voulaient plus que cela, ils ambitionnaient d'atteindre un plan encore plus élevé. Un des inspirateurs du mouvement moraliste du

« *Moussar* » que Rabbi Israel Salanter lança en Lithuanie au dix-neuvième siècle, disait : « Si je pensais que je devrai toujours rester ce que je suis, je me croiserais les bras. Mais si je n'avais pas l'espoir d'être semblable au Gaon de Vilna (1), je ne serais même pas ce que je suis ». Un tel désir du plus haut les dota d'une qualité presque surhumaine. Tout le monde sait ce qu'est la beauté, tout le monde peut la voir avec ses sens. Cette nouvelle chose qui naquit là, chez les Juifs d'Europe orientale, c'était la sainteté, la plus haute de toutes les valeurs, une sainteté si réelle, si concrète qu'elle en devint aussi perceptible que la beauté.

Dans leur vie extérieure, il leur fallait endurer les plaies continuelles de la misère et des humiliations politiques, mais à l'intérieur, ils portaient la riche tristesse du monde et la noble vision d'une rédemption pour tous les hommes et tous les êtres. Il y avait des Juifs dont l'esprit gardait sans cesse présent toutes les souffrances d'autrefois et d'aujourd'hui. Et cependant, cela ne troublait pas le cours joyeux de leur foi quotidienne. Car l'homme n'est pas seul au monde. « Le désespoir n'existe pas, disait Rabbi Nahman de Bratzlaw. N'ayez point de crainte, mes enfants, Dieu est avec vous, en vous, autour de vous. Même dans l'abîme insondable, même dans l'enfer, on peut essayer de se rapprocher de Dieu. » Le mot « mauvais » ne

(1) Célèbre exégète et talmudiste (1720-1797).

venait jamais à leurs lèvres. Les désastres ne les effrayaient pas. « On peut tout m'enlever — le coussin sous ma tête aussi bien que ma maison — mais on ne peut enlever Dieu de mon cœur. »

Les miracles n'étonnaient personne, et c'est sans surprise qu'ils découvraient, parmi leurs contemporains, des hommes que l'esprit saint avait touchés, des hommes dont l'oreille avait entendu la voix du ciel. On ne pensait plus que les générations d'autrefois étaient supérieures aux générations présentes ; ils ne se considéraient plus comme de simples épigones. Bien au contraire, les Hassidim croyaient que leur époque pouvait atteindre à l'inspiration plus facilement que l'antique époque du Talmud, car l'inspiration coule de deux sources : du saint Temple de Jérusalem et de la totale rédemption à l'époque du Messie ; et nous sommes plus proches de l'époque du Messie que les sages du Talmud. Déjà, nous pouvons entrevoir devant nous la lumière du Messie, c'est-à-dire les saints hommes pleins de clarté qui vivent de nos jours ; Rabbi Pinhas de Koretz disait : « Il faut être aveugle pour ne pas voir la lumière du Messie ». Il n'éprouvait que pitié pour Rabbi Abraham Ibn Ezra qui vivait au onzième siècle, en un siècle qui était aussi éloigné des sources de prophétie de l'époque du Temple que de la lumière de l'ère messianique. Voici pourquoi il était si terne, si peu capable d'apprécier les profondeurs cachées des hymnes inspirés d'un Rabbi Eleazar Hakalir.

On en vint à adopter l'idée que l'homme est supérieur aux anges qui ne connaissent ni le sacrifice, ni les rudes obstacles que l'homme doit franchir, ni le libre choix entre les innombrables possibilités d'action. Bien plus, l'ange est par nature stationnaire ; il reste pour toujours en l'état où il a été créé. Mais l'homme est un pèlerin toujours en route ; il peut descendre ou s'élever, mais non point rester en place. Plus encore : l'homme n'est pas seulement le couronnement de la Création, il peut collaborer à l'acte créateur. Les Hassidim avaient pleinement conscience du large éventail de leurs responsabilités, ils savaient que des mondes entiers attendaient d'être sauvés de l'imperfection. Non seulement nous avons besoin du ciel, mais encore le ciel a besoin de nous.

Les petites communautés juives d'Europe orientale étaient comme des textes sacrés ouverts devant Dieu, tant leurs maisons de prières étaient proches du Mont Sinaï. Dans leurs pauvres synagogues de bois, comme s'ils s'étaient délibérément retranchés du monde, les Juifs purifiaient l'âme que Dieu leur avait confiée et s'attachaient à parfaire la divine image qu'ils portaient en eux. Et il se créa en eux un monde intérieur infini, une « Thora dans le cœur » comme on avait connu une Thora écrite et une Thora orale. Les hommes les plus simples étaient de véritables artistes qui savaient remplir chaque heure de la semaine d'une beauté mystique. Ils n'écrivaient pas de poèmes ; ils étaient eux-mêmes une musique.

Quand ils étaient là, debout, prêts à recevoir « l'âme supplémentaire du Sabbat », chantant leur amour de Dieu et récitant les pages du Livre de la Splendeur qui parlent du « mystère du Sabbat », ils atteignaient les sommets de la beauté et de l'extase. L'extérieur n'était guère reluisant, mais ils brillaient d'une lumière secrète.

Pour les plus sages d'entre eux, il était plus important d'accomplir ce qu'ils disaient que de dire ce qu'ils accomplissaient.

Dans le monde spirituel, le renoncement compte plus que les longues études. Rabbi Isaac Meir Alter de Guer, le plus célèbre talmudiste polonais de son temps, vint présenter un manuscrit à son maître, Rabbi Mendel de Kotzk ; il s'agissait d'un travail important, d'un commentaire sur le *Hoshen Mishpat,* le code de la loi civile juive. Quelques semaines plus tard, le rabbi de Kotzk répondit à l'auteur : « J'ai étudié de près ton livre ; c'est un ouvrage remarquable. Quand il sera imprimé, les commentaires classiques, établis au long des générations, deviendront inutiles. A vrai dire, je suis un peu triste à la pensée des âmes de tous ces saints commentateurs ». Ceci se passait par un beau soir d'hiver ; le feu brûlait dans la cheminée. Rabbi Isaac Meir prit son manuscrit sur la table et le jeta dans les flammes.

⁂

Ce n'est pas par hasard que les Juifs d'Europe orientale tenaient en piètre estime l'enseignement des matières « profanes ». Ils voulaient être une digue contre le flot de « lumières » qui menaçait d'engouffrer la petite province qu'est le Judaïsme. Ils ne méprisaient nullement la science ; mais ils considéraient que la moindre lueur de noblesse spirituelle vaut mille fois mieux que toutes les sciences profanes. Prier trois fois par jour et redire « Mon Dieu, préserve ma langue du mal ! » était pour eux plus important que l'étude de la physique ; une méditation sur les Psaumes adoucit le cœur plus que l'étude de l'histoire romaine.

Ils n'avaient pas confiance dans le monde profane. Ils ne croyaient pas que l'existence du monde soit liée aux musées et aux bibliothèques, mais aux maisons de prières et d'étude. Pour eux, l'importance des maisons d'étude n'était pas fonction du besoin qu'en avait le monde, mais au contraire l'importance du monde était fonction de l'existence des maisons d'étude. Pour eux, une vie sans Thora et sans pitié n'était que chaos, et l'homme vivant sans Loi et sans prières faisait naître une sorte de terreur sacrée. Ils savaient fort bien que le monde est plein de dangers et d'épreuves, que la jalousie de Caïn est toujours vivante, et la froide méchanceté de Sodome, et la haine d'Esaü, mais ils savaient aussi que subsistent encore la charité d'Abraham et la tendresse de Rachel.

Harcelés, opprimés, ils portaient au fond de leur cœur le mépris du « monde », de sa puissance et de son faste, de son agitation et de son orgueil. Un peuple qui se lève à minuit pour se lamenter sur l'Exil de la Gloire divine et qui passe ses journées à colporter des oignons, ne se sentait pas insulté par les railleries de ses ennemis ni impressionné par les louanges de ses amis. C'étaient des hommes qui savaient que les Juifs sont en exil et que le monde n'est pas encore racheté. Toute leur vie s'orientait vers le spirituel, et ils pouvaient se permettre d'en ignorer les aspects extérieurs. Au dehors, le Juif pouvait être un mendiant, mais en lui-même, il se sentait un prince ; un intime du Roi des Rois. L'homme qui s'enveloppait de son *tallith* pour consacrer son âme à la sanctification du Saint Nom, était vraiment un homme libre.

Il existe certes des littératures plus attirantes, des philosophies plus subtiles que celles qui prirent naissance parmi les Juifs d'Europe orientale, mais chez eux, dans le style comme dans les idées, la lumière de l'image divine n'est jamais éteinte. Il y avait des Juifs qui prétendaient se souvenir que leur âme avait été témoin de la Révélation au Mont Sinaï. Dans ces âmes, ne finissait jamais le grand cri : « Nous accomplirons et nous écouterons » (Exode, XXIV, 7), et rarement cette affirmation avait été prononcée avec plus de sincérité. Des hommes jeunes et fiers parcouraient les rues et proclamaient : « Il n'est d'autre Dieu que Lui ! ».

Au cours du dernier millénaire, où l'âme juive a-t-elle brillé avec plus de clarté ? La lumière était-elle plus belle à Safed ou à Worms, à Cordoue ou à Pombedita ?

De tous temps, les Juifs avaient connu la piété et la sainteté du Sabbat. Ce que l'Europe orientale apporta de neuf, c'est que quelque chose du Sabbat s'imprégna dans les jours ordinaires. Chaque instant fugitif possédait la saveur de la vie éternelle. Il n'était pas difficile dans un tel milieu de conserver en soi la *neshama yetera,* l'âme supplémentaire accordée à chaque Juif pour la durée du Sabbat. Ils n'avaient ni concerts ni opéras dans leurs petites villes ; mais ce qu'ils ressentaient durant le Troisième Repas du Sabbat, aucun chant jamais ne pourra l'exprimer. Les Juifs ne bâtirent pas de magnifiques synagogues ; ils se contentaient de jeter un pont du cœur humain vers Dieu.

On raconte l'histoire du Baal Shem qui vint un jour avec ses disciples à Berditchev pour y voir Rabbi Lieber le Grand. Rabbi Lieber n'était pas chez lui. Comme c'était le jour de foire, les visiteurs se rendirent au marché ; ils y trouvèrent Rabbi Lieber devisant avec un paysan. Le Baal Shem demande à ses disciples : « Savez-vous avec qui parle Rabbi Lieber ? C'est avec Elie le Prophète ». Et devant l'étonnement de ses compagnons, il ajouta : « Ce n'est pas à Rabbi Lieber qu'a été accordé le privilège de voir Elie le Prophète, c'est Elie qui a obtenu le privilège d'une révélation de Rabbi Lieber ».

Cette histoire exprime peut-être assez bien ce

qui se produisit à cette époque. Du temps de Moïse, Israël eut une révélation de Dieu ; du temps du Baal Shem, Dieu eut une révélation d'Israël. D'un seul coup, toute la sainteté accumulée au long des générations se révéla dans la vie juive. Finalement, le « nous accomplirons et nous écouterons » est aussi important que le « Je suis le Seigneur ton Dieu » (Exode, xx, 2). Et pour Dieu, le verset du deuxième Livre de Samuel (vii, 23) : « Qui est comme Ton peuple, comme Israël, nation unique sur la terre ? » est aussi plein de sens que l'est pour Israël le verset du Deutéronome (vi, 24) : « Le Seigneur est Un ».

« Qui a cru à notre message ? Qui a reconnu le bras du Seigneur ? » (Isaïe, liii, 1). On regardait les Juifs et l'on apercevait la Shekhina.

Quand Nabuchodonosor détruisit Jérusalem et mit le feu au Temple, nos ancêtres n'oublièrent pas la Révélation du Mont Sinaï, ni les paroles des Prophètes. Aujourd'hui, le monde sait que ce qui se déroulait sur le sol de Palestine était de l'histoire sacrée, et que l'humanité s'en est inspirée. Un jour viendra peut-être où la lumière cachée de l'ère d'Europe orientale sera, elle aussi, révélée.

CHAPITRE SEPTIEME

L'HISTOIRE QU'ON N'A PAS RACONTEE

Il faut bien dire que tout n'était pas lumière dans la vie des Juifs d'Europe orientale. Le tableau, pour être complet, devrait aussi comporter les ombres : partialité de l'enseignement, manque de tenue, provincialisme. Ils vivaient entassés les uns sur les autres, persécutés et pressurés par des règlements barbares, toujours sous la coupe de quelque seigneur ou de quelque fonctionnaire plus ou moins ivre, méprisés par les citadins enrichis, piétinés par des bottes policières, éternels boucs émissaires des politiciens et des démagogues. Il faudrait dire encore l'effroyable misère qui criait parfois plus haut que l'enthousiasme religieux ; les sublimes royaumes de la piété étaient parfois trop éthérés pour de simples mortels.

Ce n'étaient pas tous les Juifs qui pouvaient se consacrer à la Thora et au service du Seigneur ; tous les vieillards n'avaient pas des allures de prophètes ; à côté des kabbalistes et des hassidim, il y avait aussi des brutes et des vagabonds. Mais, même dans la boue de leurs petites bourgades, on pouvait trouver de douces fleurs nacrées ; dans l'ombre, des brandons fumaient toujours, qui ne demandaient qu'à être attisés.

Il n'y avait pour ainsi dire pas un Juif en qui le respect de l'esprit ait totalement disparu. Sans cesse, les moralistes stigmatisaient les abus qui séparaient les communautés juives, lançant de flamboyantes accusations contre ceux qui croyaient pouvoir siéger plus haut que la justice. Les erreurs étaient impitoyablement mises en évidence. Les *chnorrers,* ces pittoresques mendiants, répandaient au loin les échos de leur terne misère.

Mais qui saura jamais rendre compte du calme sacrifice quotidien, de la secrète charité, de l'intensité de dévotion et de vie intérieure des gens simples, de ces hommes qui portaient patiemment leur pauvreté, sans avoir même l'idée de courir au loin après la fortune. Cette histoire-là, probablement, personne ne la racontera jamais.

Il est plus facile de chanter la beauté de la vie juive traditionnelle que la spiritualité révolutionnaire des Juifs modernes. Le Juif d'autrefois dédaignait fréquemment ce monde-ci parce qu'il avait choix de l'autre monde. Entre l'homme et le monde, se dressait Dieu. Mais au même moment, les persécutions, les pogroms et les massacres faisaient trembler le sol sous les pieds d'une population qui ne connaissait ni la sécurité ni la paix, ni même une existence matériellement assurée. Les masses slaves, soumises à des propriétaires indifférents, ne réagissaient que faiblement aux appels de la révolution industrielle qui transformait le reste de l'Europe au XIXe siècle. Manquant d'esprit d'entreprise, seigneurs, gouvernement et paysannerie ignorèrent les uns comme les autres cette transformation radicale. L'homme moyen préférait la sécurité du fonctionnaire aux risques de la libre entreprise. On laissa donc inexploitées, ou presque, les ressources naturelles; on ne modernisera par les antiques méthodes paysannes et commerciales; et on laissa le peuple vivre dans la pauvreté, souvent dans la misère. La paupérisation croissante affecta particulièrement les populations juives, dont une bonne partie se livrait à l'agriculture, mais dont la majorité exerçait l'artisanat et le commerce; le manque de capitaux et les vexations systématiques des autorités ne laissaient que peu d'espoir à un redressement économique. Les Juifs furent les pionniers du développement urbain et de l'industrialisation, mais ils se heurtaient à un réseau d'obstacles, homogène et sans cesse croissant, qui s'opposait à leur activité. La jeunesse juive, remuante, ambitieuse, ardente, pleine de dynamisme, cherchait à sortir des ruelles tristes et surpeuplées qui n'offraient aucune possibilité de développement.

Alors des hommes jeunes vinrent prêcher un nouvel évangile; ils refusaient d'accepter passivement leur malheur, ils voulaient bâtir leur vie sur leur propre sol. Ils ne voulaient plus compter sur de continuels miracles, ils voulaient la liberté, une existence normale. Ils ne voulaient plus compter uniquement sur le passé pour leur vie spirituelle; ils refusaient de dépendre de l'héritage ancestral; ils voulaient renaître à une vie neuve.

Un vent nouveau soufflait d'Occident, franchissant les frontières; une « ère de lumière » s'ouvrait, portant un optimiste message d'émancipation à tous les peuples. Une lueur d'espoir brilla dans les communautés juives. Poètes et écrivains, dans un élan de romantisme, rêvèrent de donner une vie nouvelle à l'hébreu; parallèlement, les successeurs de Mendelssohn travaillaient à donner un contenu clair et rationnel à la vie et aux traditions juives. On vit naître un « mouvement des Lumières » (la Haskala), le Sionisme, le mouvement haloutzique des pionniers, un socialisme juif.

Quel esprit de sacrifice, quel amour du peuple, quelle Sanctification du Saint Nom ne trouve-t-on pas chez ces Juifs modernes avec leur acceptation de la souffrance qui peut aider d'autres hommes ! Le zèle des Juifs pieux fut transféré à leurs fils et à leurs petits fils émancipés. La ferveur et l'élan des Hassidim, l'ascétisme obtiné des kabbalistes, l'inexorable logique des talmudistes se réincarnèrent chez les champions des mouvements juifs modernes. Leur foi en de nouveaux idéaux était imprégnée de l'antique piété. Ils étaient capables de voir « une fille de la Voix » dans le message du rationalisme, un saint temple dans l'hébreu ressuscité, l'essence du Judaïsme dans le Yddish, « la langue maternelle ».

Ils croyaient en l'Europe et célébraient le « xxe siècle ». Leur désir le plus passionné, leur rêve de bonheur s'incarna dans la civilisation occidentale avec sa culture et ses idées. Mais même ceux qui sentaient qu'il fallait abandonner l'ancien pour le moderne, ceux que leur élan révolutionnaire avait emporté aux antipodes de la tradition, ne rompaient pas pour autant les liens avec le peuple; à quelques exceptions près, ils ne quittaient pas le troupeau. La force puissante de rédemption survivait en leur âme. Les appâts de l'assimilation étaient séduisants; mais les Juifs qui ne cédaient pas, qui ne voulaient pas s'évader de la misère juive, qui renonçaient aux carrières, à la sécurité, aux honneurs, afin de mieux panser les plaies de leur peuple, qui abandonnaient les livres saints et les universités pour labourer le sol de Palestine, pour en assécher les marais, ces hommes étaient comme un vin vieux dans des vases nouveaux.

Les masses juives d'Europe orientale rejetèrent l'émancipation quand elle se présentait comme le prix d'une trahison à l'égard des traditions d'Israël. Les Juifs pieux comme les libres-penseurs luttaient pour une existence dans la dignité, s'appliquant à assurer les droits de la communauté, et non seulement ceux des individus. Ils exprimaient une volonté commune tendue vers un but commun. Avec une rapidité étonnante, ils redressèrent l'échine et acquirent la maîtrise des arts et des sciences. Leurs dons pour une pensée dialectique abstraite, développés durant des générations furent transposés dans la recherche scientifique. L'enthousiasme hassidique se transmua dans la noblesse profonde des musiciens virtuoses. Trois mille ans d'histoire ne les avaient pas épuisés.

Dans la confusion spirituelle de ces cent dernières années, la plupart d'entre nous n'ont jeté qu'un regard de mépris sur l'incomparable beauté de nos pauvres vieilles familles. Nous comparions nos pères et nos grands-pères, nos savants et nos rabbins aux intellectuels russes ou allemands. Nous prêchions au nom du « XXe siècle », nous mesurions les mérites de Berditchew et de Guer selon les canons de Paris ou de Heidelberg. Aveuglés par les lumières des grandes capitales, nous avons perdu parfois le regard intérieur. Les visions lumineuses qui, pour tant de générations, s'exhalaient des chandelles fumeuses, se sont éteintes pour bon nombre d'entre nous.

Ces dernières années cependant, s'est éveillée la nostalgie d'une harmonie entre le présent et le passé. L'opposition au passé qu'avait fait naître la Haskala s'est convertie en un désir de synthèse. Petit à petit, la vie d'autrefois a révélé sa beauté intérieure, la civilisation d'aujourd'hui, son vide. Mais le temps est trop court, trop faible la volonté. La clarté, la solidarité ne manquent pas seulement dans le domaine spirituel, mais aussi dans le politique. Quand on les confronte avec un monde de misère et d'indifférence, notre idéal et notre vision du monde se révèlent inadéquats. Dans notre zèle à nous transformer, dans notre passion de progrès nous avons tout ridiculisé sous le nom de superstitions, jusqu'à perdre toute capacité de croire. Nous avons nous-même aidé à éteindre la lumière que nos pères avaient allumée. Nous avons troqué la sainteté pour l'utilité, la loyauté pour la réussite, la sagesse pour l'information, les prières pour des discours, la tradition pour la mode.

Dans les livres de lecture hébraïques élémentaires, on pouvait trouver, il y a une trentaine d'années, l'histoire d'un écolier qui, chaque matin, était tout malheureux de ne plus savoir où il avait bien pu ranger ses vêtements et ses cahiers, la veille au soir, en se couchant. Un beau jour, il eut une idée. Sur un bout de papier, il inscrivit : « Mon costume est sur la chaise, mon chapeau dans la salle de bains, les livres sur la table, et moi, je suis au lit. » Il se réveille le matin, et se met à relire son papier; tout est en place, il peut tout ramasser. Mais quand il arrive au bout de sa liste, il se met à se chercher dans son lit — il cherche, il cherche, mais en vain.

Un monde a disparu. Tout ce qui reste est un sanctuaire caché au royaume de l'esprit. Nous, les hommes de ma génération, en détenons encore la clé. Si nous oublions, si nous n'ouvrons pas les portes, la sainteté de tous ces siècles demeurera le secret de Dieu. Nous, les hommes de ma génération, nous détenons encore la clé — la clé du sanctuaire où dort notre âme délaissée. Si nous la perdons, nous ne serons jamais plus nous-mêmes.

En ce moment même, nous, les vivants, nous sommes la « Communauté d'Israël ». Ce qu'ont entrepris les Patriarches, les Prophètes, ce qu'ont maintenu leurs descendants, est aujourd'hui entre nos mains, et nous en sommes responsables. Nous serons les derniers Juifs, ou bien nous serons ceux qui auront transmis le passé tout entier aux générations à venir. Nous pouvons trahir comme nous pouvons enrichir l'héritage que des dizaines de générations nous ont confié.

Le Judaïsme est de nos jours la moins connue des religions. Son incomparable splendeur a été si souvent triturée pour se soumettre à la banalité des opinions courantes que ce qui demeure n'est plus que lieu commun. Il ne reste plus beaucoup de gens à pressentir encore le subtil *niggoun*, la fluide mélodie, de son éternel appel.

L'humanité n'a pas à choisir entre la religion et la neutralité. L'irréligion n'est pas un opium, mais un poison. Notre énergie est trop puissante pour se contenter d'une vie indifférente; nous avons besoin d'un but infini pour contenter notre immense puissance, faute de quoi notre âme sera gagnée par une frénétique folie. Si nous ne sommes pas les ministres du sacré, nous sommes les esclaves du mal. Etre juif, c'est conserver son âme pure, c'est ouvrir les vannes au flot infini de nos efforts, afin que Dieu n'ait pas à se repentir de Sa Création. Le Judaïsme n'est pas une qualité de l'âme, mais une vie spirituelle. L'âme nous a été donnée à notre naissance, mais l'esprit, nous devons l'acquérir.

Le Judaïsme est la trace de Dieu dans la forêt vierge de l'oubli. Si nous sommes pleinement ce que nous sommes, des Juifs, si nous accordons notre propre élan à la sainteté solitaire en ce monde, nous aiderons l'humanité bien davantage que par tel ou tel service particulier que nous pourrions lui rendre.

Nous sommes juifs comme nous sommes hommes. Ce qui s'opposerait à notre existence en tant que Juifs est le suicide spirituel, la disparition totale, et non une conversion à quoi que ce soit d'autre. Le Judaïsme peut avoir des alliés, des compagnons de route, mais non des « succédanés ». Il n'est pas le serviteur de la civilisation, mais sa pierre de touche.

Nous ne vivons pas dans un vide. Nous ne souffrons jamais de la crainte de voguer à l'aventure dans le vide du Temps. Le passé est à nous, et nous n'avons pas à redouter ce qu'il pourra devenir. Nous nous souvenons de nos origines. Nous avons conscience d'être impliqués dans une histoire qui transcende les intérêts ou la gloire des dynasties et des empires. Nous avons été appelés, et nous ne pouvons l'oublier, à dérouler le cours d'une histoire éternelle. Nous avons appris à éprouver les nœuds d'une vie où le trivial s'entretisse au sublime. Il n'y a pas de limite à notre expérience de la portée immense et inexorable, de la dangereuse grandeur de la divine ferveur de la vie humaine. Nos floraisons peuvent être écrasées, mais nous demeurons, soutenus par une foi qui monte de plus profond que nos racines.

Notre vie est cernée de difficultés, mais elle n'est jamais dépourvue de sens. Le sentiment du futile est absent de nos âmes. Notre existence n'est pas vaine. L'ardeur de Dieu pénètre notre vie; c'est là notre dignité. Et posséder la dignité signifie qu'on représente quelque chose de plus grand que soi-même. Le péché le plus grave pour un Juif est d'oublier ce qu'il représente.

Nous sommes l'enjeu de Dieu dans l'histoire humaine. Nous sommes l'aurore et le crépuscule, le défi et la preuve. Combien il est étrange d'être juif et d'errer sur les voies périlleuses de Dieu. Nous sommes offerts comme modèles d'honneur et comme une proie au mépris; mais il y a plus dans notre destinée. Nous portons en notre âme l'or de Dieu pour forger le portrail du Royaume. Le temps du Royaume n'est pas venu, il peut être éloigné, mais notre tâche est claire : maintenir notre part en Dieu, en dépit du danger des railleries. La guerre se poursuit, guerre incessante et universelle, contre tout ce qui est vulgaire, contre la glorification de l'absurde. Fidèles à la présence des fins dernières jusque dans le quotidien, nous devons être capables de montrer clairement que l'homme, tout en œuvrant dans le fini, peut percevoir l'infini, que l'homme est plus que l'homme.

INTERLUDE

L'ARCHITECTURE DU TEMPS

La civilisation technique est la conquête de l'espace par l'homme. C'est un triomphe auquel on ne parvient, le plus souvent, qu'en sacrifiant l'une des composantes essentielles de l'existence : le temps. Dans la civilisation technique, nous gaspillons le temps pour gagner l'espace. Notre principal objectif devient la mise en valeur de notre pouvoir sur le monde de l'espace. Cependant, *avoir* davantage ne signifie pas *être* davantage. Le pouvoir que nous acquérons dans le domaine de l'espace s'arrête brusquement aux limites du temps. Et le temps est le cœur de l'existence.

C'est certainement l'une de nos tâches principales que d'acquérir le contrôle du domaine de l'espace; mais le danger commence lorsque, pour acquérir ce pouvoir au royaume de l'espace, nous trahissons toute aspiration au royaume du temps. Car il est un royaume du temps; là, le but n'est pas d'*avoir*, mais *d'être;* non pas posséder, mais donner; non pas régner, mais partager; non pas vaincre, mais adhérer. Notre vie est malsaine lorsque le contrôle de l'espace, la conquête des objets de l'espace, deviennent notre unique préoccupation.

Rien n'est plus utile que la puissance, rien n'est plus terrifiant. Nous avons souvent souffert d'une dégradation par la pauvreté, nous sommes maintenant menacés d'une dégradation par la puissance. Il existe un bonheur dans l'amour du travail, il existe une misère dans l'amour du gain. Bien des cœurs se sont brisés, comme des amphores, aux fontaines de l'enrichissement. L'homme s'est livré en esclavage aux *choses*, aux objets matériels; il est devenu simple récipient qu'on brise à la fontaine.

La civilisation technique procède avant tout du désir qu'a l'homme de vaincre et maîtriser les forces de la nature. Métallurgie, tissage, agriculture, architecture, navigation, tout se meut et progresse dans le milieu spatial. De nos jours, l'esprit humain est si préoccupé des objets spatiaux qu'ils dominent toutes nos activités. Les religions elles-mêmes sont souvent imprégnées de l'idée d'une divinité située dans l'espace, en des lieux déterminés, montagnes, forêts, arbres ou pierres qu'on élit comme lieux sacrés; la divinité se trouve liée à un pays, la sainteté associée à des objets et la question primordiale devient : où est le dieu ? L'idée que Dieu est présent dans l'univers soulève l'enthousiasme, mais on la comprend plutôt comme la présence de Dieu dans l'espace, et non dans le temps, dans la nature et non dans l'histoire comme s'il était un objet et non pas un esprit.

Même une philosophie panthéiste est une religion de l'espace : l'Etre suprême est conçu comme un espace infini. Le *Deus sive natura* a comme attribut l'espace, la possibilité de s'étendre, et non pas le temps; le temps pour Spinoza, n'est qu'une notion accessoire au mouvement, un mode de penser; sa tentative pour créer une philosophie *more geometrico*, donc basée sur une science de l'espace, est caractéristique de sa « mentalité spatiale ».

Pour un esprit primitif, il est difficile de concevoir une idée sans s'appuyer sur l'imagination, et c'est dans l'empire de l'espace que règne l'imagination. Les dieux doivent se représenter en images visibles; s'il n'y a pas d'image, il n'y a pas de dieu. Le respect des images sacrées, des lieux, des monuments sacrés, n'est pas seulement le propre de la plupart des religions, mais il a été conservé par tous les hommes, à toutes les époques, dans tous les pays, qu'ils soient pleins de piété et de superstitions, ou qu'ils s'estiment antireligieux; tous les hommes continuent à rendre hommage aux drapeaux et aux bannières, aux reliques nationales, aux monuments des rois et des héros. Partout, attenter aux saints autels est un sacrilège, et parfois, l'autel en lui-même a pris une telle importance que l'idée qu'il est censé représenter a pu, sans dommages, tomber dans l'oubli. Le monument supplée à l'amnésie; le moyen fait perdre toute valeur à la fin. Les objets de l'espace sont entre les mains des hommes; s'ils sont trop sacrés pour être profanés, ils ne sont pas trop sacrés pour être exploités. Pour retenir le sacré, pour perpétuer la présence du dieu, on façonne son image; mais un dieu qui peut être façonné, un dieu qui peut être emprisonné n'est que l'ombre de l'homme.

Nous nous enorgueillissons tous de la splendeur de l'espace, de la grandeur des objets de l'espace. L'objet est une catégorie qui pèse lourdement sur notre esprit, tyrannisant toutes nos pensées. Notre imagination a tendance à couler tous les concepts à son image. Dans notre vie quotidienne, nous prêtons surtout attention à ce que les sens, à grand-peine, déchiffrent pour nous, à ce que l'œil peut percevoir, le doigt toucher. La réalité est pour nous limitée aux choses, aux substances qui prennent place dans l'espace; pour la plupart d'entre nous, Dieu lui-même, n'est conçu que comme objet.

Notre soumission aux choses nous rend aveugles à toute réalité qui ne peut s'identifier à une chose. Ceci est particulièrement évident dans notre façon de comprendre le temps qui étant non substantiel, nous paraît être sans réalité (1).

En fait, nous savons comment agir envers l'espace, mais nous ne savons quoi faire avec le temps, sinon le soumettre à l'espace. La plupart d'entre nous semblent peiner pour les objets de l'espace, et il en résulte que nous souffrons d'une terreur profondément enracinée à l'égard du temps, demeurant comme pétrifiés lorsque nous sommes contraints de l'affronter (2). Le temps nous est une moquerie, un monstre habile et trompeur dont la gueule, comme un brasier, dévore chaque instant de notre vie. Aussi nous refusons-nous à regarder le temps dans les yeux; nous fuyons vers la sécurité des objets de l'espace. Les intentions que nous sommes incapables de mettre

(1) Selon Bertrand Russel, le temps est « une caractéristique secondaire et superficielle de la réalité... La pensée philosophique doit atteindre à une certaine émancipation de l'esclavage au temps... Se rendre compte du peu d'importance du temps est la porte de la sagesse ». *(Our Knowledge of the external World,* pp. **166-167**).

(2) « Le temps est une maladie mauvaise, mortelle, distillant une nostalgie fatale. L'écoulement du temps frappe le cœur de l'homme de désespoir, emplit son regard de tristesse ». (Nicolas Berdiaev, *Solitude et Société,* p. 134).

à exécution, nous les mettons en dépôt dans l'espace; nos possessions deviennent le symbole de nos refoulements, des jubilés de frustrations. Mais les objets de l'espace ne sont pas à l'épreuve du feu; ils ne font qu'alimenter l'incendie. La joie de posséder est-elle un antidote à la terreur du temps qui croît jusqu'à devenir la panique devant une mort inévitable ? Les objets, lorsque nous les glorifions, ne sont que des contrefaçons du bonheur, une menace pour notre vie véritable ; les objets spartiaux, ces Frankenstein, nous accablent plus qu'ils ne nous soutiennent.

Il est impossible à l'homme d'éluder le problème du temps. Plus nous pensons, plus nous réalisons : nous ne pouvons conquérir le temps par l'espace. Nous ne pouvons dominer le temps que dans le temps.

La plus haute ambition d'une vie spirituelle n'est pas d'entasser des connaissances à profusion, mais d'affronter des instants de sacré. Dans l'expérience religieuse, par exemple, ce n'est pas un objet qui s'impose à l'homme, mais une présence spirituelle — et c'est là ce qui la distingue de l'expérience esthétique. Ce que conserve l'âme, c'est le moment de la vision intérieure plutôt que l'endroit où elle s'est produite. Un instant de vision intérieure est une chance qui nous transporte au-delà des confins du temps mesurable. La vie spirituelle entre en décadence lorsque nous ne parvenons plus à ressentir la grandeur de ce que le temps contient d'éternel.

Nous n'avons pas l'intention de déprécier le monde de l'espace. Rabaisser l'espace et la bénédiction des objets spatiaux serait rabaisser l'œuvre de la Création, l'œuvre que Dieu contempla : et Il vit « que c'était bon ». Le monde ne peut être envisagé exclusivement *sub specie temporis.* Le temps et l'espace sont entretissés. Dédaigner l'un, c'est être borgne. Ce contre quoi nous nous élevons c'est la reddition inconditionnelle à l'espace, l'esclavage, la soumission totale aux objets. Nous ne devons pas oublier que ce n'est pas l'objet qui donne un sens au moment; mais c'est le moment qui donne leur signification aux choses.

La Bible s'intéresse au temps plus qu'à l'espace. Elle voit le monde selon les dimensions du temps. Elle s'étend sur les générations, les événements, plus que sur les pays et les choses; elle s'intéresse à l'histoire plus qu'à la géographie. Pour comprendre l'enseignement de la Bible, il faut admettre comme prémisse que le temps possède sa signification propre et son autonomie.

L'hébreu biblique n'a pas d'équivalent au mot « chose », « objet ». Le mot *davar* qui, plus tard, servira à traduire « chose », signifie en hébreu biblique : parole, mot, message, nouvelle, demande, promesse, décision, récit, dicton, affaire, occupation, actions, bonnes actions, événement, façon, manière, raison, cause ; mais jamais « chose » ni « objet ». Est-ce le signe d'une pauvreté de vocabulaire, ou plutôt l'indication d'une juste vue du monde, qui ne confond pas la réalité (mot dérivé du latin *res*, chose) avec le monde des objets ?

L'un des faits les plus importants dans l'histoire des religions fut la transformation des fêtes agricoles en commémorations d'événements historiques. Les fêtes des peuplades antiques étaient étroitement liées aux saisons naturelles. On célébrait ce qui survenait dans la vie de la nature saison après saison. Ainsi, la valeur d'un jour de fête était déterminée par les choses que la nature offrait ou n'offrait pas. Dans le Judaïsme, la Pâque, fête de printemps à l'origine, devint la célébration de l'exode d'Egypte; la Fête des Semaines, ancienne fête des moissons à la fin de la moisson des orges (*hag ha-qattzir,* fête de moisson, selon l'Exode, XXIII, 16 et XXXIV, 22) devint la célébration du jour où la Thora fut donnée au Mont Sinaï; la Fête des Cabanes, ancienne fête de vendanges (*hag ha-aciph* selon l'Exode, XXIII, 16), commémore les cabanes où demeurèrent les Israélites durant leur traversée du désert (Lévitique, XXIII, 42 sqq.). Pour Israël, les événements uniques du temps historique étaient chargés d'un sens spirituel plus lourd que le processus toujours répété du cycle de la nature dont cependant dépendait leur subsistance. Les divinités des autres peuples étaient associées à des endroits déterminés, à des objets, mais le Dieu d'Israël était le Dieu des événements : Celui qui a délivré de l'esclavage, Celui qui a révélé la Thora, Celui qui manifeste dans les événements historiques plutôt que dans des objets ou des lieux. Ainsi naquit la foi dans l'incorporel, dans ce qui dépasse l'imagination.

Le Judaïsme est une *religion* du temps tendant à la *sanctification du temps.* Pour l'homme dont l'esprit est dominé par le spatial, le temps est sans variations; il se répète, il est tout d'une pièce; toutes les heures sont semblables, des sortes de coquillages vides et creux. Mais la Bible possède le sentiment d'un temps diversifié. Il n'existe pas deux heures semblables. Chaque heure est unique et infiniment précieuse.

Le Judaïsme nous enseigne la *sainteté dans le temps,* nous devons nous attacher aux événements sacrés, nous devons apprendre à consacrer les sanctuaires qui émergent du grandiose écoulement de l'année. Le Sabbat est notre cathédrale, et notre Saint des Saints est un sanctuaire que les Romains ni les Germains n'ont pu détruire, un sanctuaire que l'apostasie même ne saurait souiller : le Jour de Kippour, le Grand Pardon. Selon nos anciens rabbins, ce n'est pas le fait que nous priions au Jour du Grand Pardon, mais le Jour en lui-même, l'« essence du Jour », qui, avec le repentir de l'homme, expie les péchés de l'homme (1).

---

(1) Cf. Maïmonide, *Mishne Thora, Teshouba* I, 3, d'après *Mishna Yoma,* VIII, 8. On trouverait une affirmation plus nette encore dans *Sifra* sur Ex. XXIII, 27 et Shebouoth 13 a : « Je pourrais croire que le Jour du Grand Pardon ne pourrait expier à moins que l'on y jeûne, qu'on y fasse

On pourrait caractériser le rituel juif comme l'art des formes symboliques dans le temps, comme une *architecture du temps.* La plus grande partie de nos rites — Sabbat, néoménie, fêtes, années sabbatique et jubilaire — reposent sur une heure de la journée bien déterminée, ou sur une saison de l'année. Par exemple, le soir, le matin et l'après-midi nous appellent à la prière. Les principaux thèmes de la foi sont au royaume du temps. Nous nous souvenons du jour de la sortie d'Egypte, du jour où Israël se tint au pied du Sinaï, et notre espoir messianique est l'attente d'un jour, de la fin des jours.

Dans une œuvre d'art aux proportions harmonieuses, une idée particulièrement importante n'est pas introduite au hasard, mais elle est présentée au moment et de la façon qui mettra en lumière

---

une sainte convocation (en incluant dans les prières : Tu es béni Seigneur... qui sanctifies Israël et le Jour du Grand Pardon ; en portant des vêtements de fête pour marquer que le jour est accepté comme saint ; cf. *Tossafoth Keritot* 7 a), et qu'on n'y travaille pas. Mais si l'on ne jeûne pas, si l'on n'y fait pas de sainte convocation, et si l'on y travaille — d'où pouvons-nous déduire (que le Jour expie quand même) ? L'Ecriture dit : c'est un jour d'Expiations, — il expie en tous cas ». Cependant, l'idée que le Jour puisse expier même pour ceux qui ne se repentent pas ce Jour même, n'est pas acceptée par de nombreuses autorités. Cf. Rabbi, *Yoma,* 85 b. Il faut noter aussi la très intéressante conception de Rabbi Yose sur les « temps spéciaux », *Sanhedrin,* 102 a. Cf. aussi *Tanhouma* sur Genèse XXXXIX, 28. Rabbi Yohanan in *Ta'anith* 29 a et Rabbi Yose in *Erahin* 11 b. Voir, Pedersen, *Israël,* I-II, p. 488 et p. 512 ; E. Panofsky, *Studies in Iconology,* pp. 69-93.

son autorité et son importance, tout comme un roi à une cérémonie officielle. Dans la Bible, les mots sont utilisés avec un soin tout particulier, et notamment les mots qui, comme des colonnes de feu, montrent la voie dans le vaste système de pensée du monde biblique.

L'un des mots les plus remarquables dans la Bible est le mot *qadosh,* « saint », mot qui, plus qu'aucun autre convient au mystère et à la majesté divine. Et quel est le premier objet saint dans l'histoire du monde ? Une montagne ? Un autel ?

C'est à vrai dire en une occasion unique que le terme si remarquable de *qadosh* est employé pour la première fois : dans le Livre de la Genèse, à la fin du récit de la Création. Combien significatif est le fait qu'il est appliqué au temps : « Et Dieu bénit le septième *jour* et le rendit *saint* (Gen. II, 3. Dans les Dix Commandements, le mot *saint* n'est employé qu'à propos du Sabbat). Dans le récit de la création, la qualité de sainteté n'est liée à aucun objet qui se situe dans l'espace.

C'est là une différence radicale avec la pensée religieuse courante. La mentalité mythologique, après que les cieux et la terre eussent été établis, attendrait que Dieu eu créé un lieu saint — une montagne ou une source — où l'on doive édifier un sanctuaire. Mais pour la Bible, il semble que la *sainteté dans le temps,* le Sabbat, précède tout autre.

Quand l'Histoire commence, il n'est qu'une

seule sainteté dans le monde, la sainteté dans le temps. Quand au Mont Sinaï la parole de Dieu allait être énoncée, un appel fut lancé dans l'*homme* : « Vous serez pour Moi un peuple saint » (Ex. XIX, 6). Mais ce n'est que lorsque le peuple eût succombé à la tentation de servir un objet, un veau d'or, qu'il reçut l'ordre d'édifier un Tabernacle, une sainteté dans l'*espace* (1). La sainteté du temps vint d'abord, puis la sainteté de l'homme, et enfin seulement la sainteté de l'espace. Le temps fut consacré par Dieu; l'espace, le Tabernacle, fut consacré par Moïse (Nombre, VII, 1).

Alors que les fêtes célèbrent des événements qui se situent dans le temps, la date du mois qui est assignée à chaque fête du calendrier est déterminée par la vie dans la nature. Pâques et la Fête des Cabanes, par exemple, coïncident avec la pleine lune, et la date de chaque fête est un jour du mois, et le mois est le reflet de ce qui se répète

---

(1) Cf. *Tanhouma* sur Exode XXXIV, 1 ; *Seder 'Olam Rabba,* VI ; Rashi sur Exode XXXI, 18. Dans un sens opposé : Nahmanide sur Lévitique VIII, 2.

La sainteté du temps aurait suffi au monde ; la sainteté de l'espace est un compromis nécessaire avec la nature de l'homme. La construction du Tabernacle n'est pas ordonnée par les Dix Commandements ; elle fut entreprise en réponse à un appel direct du peuple qui demanda à Dieu : « Seigneur du monde, les rois des nations possèdent des palais où l'on trouve une table, des chandeliers et autres signes de royauté, de sorte qu'ils puissent être reconnus comme tels. Et Toi, notre Roi, Libérateur et Sauveur, Tu n'aurais pas de signe de royauté afin que tous les habitants de la terre puissent reconnaître que Tu es leur Roi ? » *Midrash Aggada,* XXVII, 1.

périodiquement dans le royaume de la nature, puisque le mois juif débute avec la nouvelle lune, avec la réapparition du croissant lunaire dans le ciel nocturne. Le Sabbat, en revanche, est entièrement indépendant du mois et sans relation avec le cycle lunaire (1). Sa date n'est pas déterminée par un événement naturel tel que la nouvelle lune, mais seulement par l'acte de la Création. Ainsi, l'essence du Sabbat est totalement indépendante du monde de l'espace.

Le Sabbat célèbre le temps et non l'espace. Six jours par semaine, nous vivons sous la tyrannie des objets de l'espace ; le Sabbat, nous nous efforçons de nous mettre au diapason de la *sainteté dans le temps*. C'est une journée où nous sommes appelés à prendre part à ce que le temps a d'éternel, de nous détourner des conséquences de la création vers le mystère de la création ; d'abandonner le monde de la création pour la création du monde.

---

(1) Par contre, le « sabbat » babylonien est lié à la lune. Cf. J. Barth, *The Jewish Sabbath and the Babylonians*, *The American Israelite*, Nov. 20, 1902 et H. Webster, *Rest Days*, New York, 1916, pp. 253 sq. Rappelons que le mois lunaire n'est pas de quatre semaines, mais de 29 jours et demi environ.

CHAPITRE HUITIEME

UN PALAIS DANS LE TEMPS

Celui qui désire entrer dans la sainteté du jour doit se défaire de tout le brouhaha des préoccupations profanes ; il doit s'éloigner du tintamarre des jours discordants, de l'agitation et de la furie du gain, de cette sorte d'abus de confiance envers soi-même. On se décharge du joug de la peine et du labeur. Adieu le travail servile ! Il faut apprendre et comprendre que le monde a été créé et survivra sans que l'homme y mette la main. Six jours durant, nous luttons avec le monde, arrachant sa richesse à la terre ; mais le Sabbat, nous avons à prendre soin de la semence d'éternité confiée à notre âme. Nos mains sont au monde, mais notre âme appartient à Quelqu'un d'autre. Six jours durant, nous travaillons à dominer le monde ; le septième jour, nous essayons de nous dominer nous-mêmes.

Les Romains, quand ils rencontrèrent des Juifs, furent frappés de cette stricte observance du chômage sabbatique, et ils n'eurent que mépris pour cette paresse juive si bien symbolisée par l'indolence du Sabbat. Telle est l'opinion de Juvenal, de Sénèque, d'autres encore.

Philon, porte-parole des Juifs hellénisés d'Alexandrie, prend la défense du Sabbat : « En ce jour, il nous est ordonné de nous abstenir de tout travail, mais ce n'est pas que la Loi veuille nous inculquer la mollesse... Son but est plutôt d'offrir à l'homme le repos d'un labeur sans trêve ni fin ; et, restaurant leurs corps par un système régulier de haltes, elle renvoie des hommes chargés de forces nouvelles à leurs anciennes activités. Une période de répit permet, non seulement aux hommes du commun mais encore aux athlètes, d'accroître leurs forces afin d'entreprendre rapidement et patiemment chacune des tâches qu'ils trouvent devant eux » (*De Specialibus Legibus,* II, 60).

Nous trouvons ici un Sabbat présenté non pas selon l'esprit biblique, mais selon les vues d'Aristote. Le Stagirite dit en effet que « nous avons besoin de repos car nous ne pourrions travailler sans cesse. Le repos n'est donc pas une fin en soi », mais il a « pour but le travail », il permet d'acquérir des forces nouvelles pour un effort renouvelé (*Ethique à Nicomaque,* X, 6). Dans la perspective biblique, en revanche, le travail n'est pas une fin en soi ; le Sabbat, jour de repos, jour où l'on s'abstient de tout labeur, n'a nullement pour but de permettre aux hommes de recouvrer leurs forces perdues et de s'apprêter, reposés, à de nouveaux travaux. Le Sabbat est le jour de la vie. L'homme n'est pas une bête de somme dont le rendement serait accru par le repos sabbatique. « Dernier créé, mais premier en intention », le Sabbat est « l'accomplissement de la création des cieux et de la terre » (*Office du vendredi soir*).

Le Sabbat n'a pas été créé en vue des six jours de la semaine ; ce sont les six jours de la semaine qui ont pour but le Sabbat (*Zohar,* I, 75). Ce n'est pas une récréation dans le déroulement de la vie, mais le sommet de la vie.

Trois actes de Dieu marquèrent le septième jour : Il Se reposa, Il bénit et Il sanctifia le septième jour (Genèse, II, 2-3). C'est pourquoi, à l'interdiction du travail, s'ajoutent la bénédiction de la joie et un accent de sainteté. Ce ne sont pas les mains seules qui célèbrent ce jour ; la langue et l'âme observent le Sabbat. On ne peut, le Sabbat, parler comme on parle les autres jours ; il faut même éviter de penser à tout ce qui est affaires et travail.

Le travail est un métier, mais le parfait non-agir est un art. On y atteint par un accord de l'imagination, de l'esprit et du corps. Pour exceller dans un art, il faut en accepter la discipline. Le septième jour est un *palais dans le temps* que nous-mêmes bâtissons avec les matériaux que nous tirons de notre âme, de notre joie, de tout ce qui est incommunicable. La discipline que nous nous y imposons n'est qu'un rappel de l'éternité toute proche. A vrai dire, la splendeur de ce jour est surtout exprimée par des *interdictions,* par des « tu ne feras pas ceci, ni cela » ; mais c'est pour les mêmes raisons que le mystère de Dieu est exprimé d'une façon plus adéquate par l'apophatique, par les catégories de la *théologie négative* qui proclame que, ne pouvant jamais exprimer ce qu'Il est, nous devons nous contenter de dire ce qu'Il n'est pas. Nous sentons souvent combien pauvre serait l'édifice s'il n'était bâti que des actes et des phrases du rituel, à l'aide de tout ce lourd appareil parfois si encombrant. Comment exprimer la gloire présente dans l'éternité, sinon par le silence et le renoncement à toute bruyante activité ?

L'amour du Sabbat ! Le mot est rarement prononcé ; il exprimerait une émotion trop profondément enfouie. Notre littérature offre rarement l'expression, et cependant, depuis plus de deux mille ans, cette émotion donne le ton à tous nos chants. C'est tout un peuple amoureux du septième jour ; on ne peut le comprendre si l'on ne connaît pas cet amour poussé jusqu'à la passion. Nous sommes en plein roman de Chevalerie « où l'amour est toujours absolu ; chaque pensée, chaque action de l'amant doivent, en toute circonstance, correspondre à ce qu'un amoureux peut éprouver, ressentir, imaginer de plus grand ».

« L'amour, pour les troubadours et leurs dames, était une source de joie. Ses exigences étaient la loi suprême de la vie. L'amour était le service chevaleresque ; il était la loyauté et la dévotion ; il était le don le plus noble de l'homme. Il était la source de perfection, l'inspirateur des hauts-faits » (H.O. Taylor, *The Mediaval Mind,* I, pp. 588 sq.). La civilisation de la Chevalerie créa une conception romantique de l'adoration et de l'amour qui domine jusqu'à nos jours, avec son mélange de mythe et de passion, la littérature et la mentalité occidentales. Les Juifs contribuèrent à l'idée de l'amour par leur conception de l'amour du Sabbat, de l'amour d'une journée, d'un esprit exprimé dans le temps.

Si ce jour est si lumineux, si précieux, s'il exerce une telle fascination sur l'âme, c'est parce qu'il est la mine d'où le rare métal de l'esprit est extrait pour qu'on en bâtisse le palais du temps. Le septième jour est la demeure où l'humain se trouve à l'aise avec le divin, où l'homme aspire à parfaire sa ressemblance avec le divin modèle.

Où pourrait-on ailleurs trouver la ressemblance

de Dieu ? L'espace n'a aucune qualité commune avec l'essence de Dieu. Le sommet des montagnes n'est pas assez libre, le silence des mers pas assez glorieux. L'image de Dieu ne saurait se trouver que dans le temps qui est le masque de l'éternité.

Vivre le septième jour est un art ; c'est l'art de peindre sur la toile du temps la mystérieuse grandeur de la création à son apogée : tout comme Dieu, nous sanctifions le septième jour. L'amour du Sabbat c'est l'amour de l'homme pour ce que Dieu et l'homme possèdent en commun. Quand nous observons le Sabbat, nous paraphrasons la sanctification que Dieu accorda au septième jour.

Que serait un monde sans Sabbat ? Ce serait un monde qui ne connaîtrait que lui-même, avec un dieu dénaturé comme un objet ; un monde séparé de Dieu par un infranchissable abîme. Un monde sans Sabbat ne saurait pas que l'éternité possède une fenêtre qui s'ouvre sur le temps.

Il n'y a pas à craindre qu'à force d'idéaliser le Sabbat on le transforme en conte de fées ; malgré toutes les idéalisations romanesques, le Sabbat demeure un fait concret, une institution possédant un statut juridique, et des conséquences sociales. On n'a pas à craindre qu'il devienne un esprit désincarné, car l'esprit du Sabbat doit toujours se traduire dans des faits réels, des actes bien définis à accomplir ou à éviter. Le corporel et le spirituel sont un, comme dans un être vivant l'âme et le corps. La loi nous éclaire la route, et c'est à l'âme de ressentir l'esprit.

Nos rabbins d'autrefois le savaient bien : le Sabbat requiert de l'homme une totale sollicitude, le don et la dévotion sans partage d'un amour absolu. Une telle conception les amena tout naturellement à élargir sans cesse l'ensemble des lois et des prescriptions relatives au respect du Sabbat. Ils cherchaient à ennoblir la nature humaine et à la rendre digne de se trouver en présence de la royale journée.

Il faut bien avouer cependant que la loi et l'amour, la discipline et la joie ne surent pas toujours s'amalgamer. Les rabbins avaient si peur de profaner l'esprit du septième jour qu'ils portèrent sa réglementation à un niveau où les âmes exceptionnelles peuvent se hisser, mais qui reste trop souvent hors de portée pour la plupart des gens.

Toutefois, la glorification du saint jour, l'insistance sur sa stricte observance, ne mena pas les rabbins à une déification de la loi. « Le Sabbat a été donné aux hommes, et non pas les hommes au Sabbat » (*Mekhilta* XXXI, 13). Ils savaient qu'une piété excessive peut mettre en danger l'accomplissement de l'essence de la loi. « Rien n'est plus important, selon la Thora, que de préserver la vie humaine... S'il existe le moindre danger qu'une vie humaine puisse se trouver en jeu, on peut négliger toutes les interdictions de la loi (sauf toutefois en ce qui concerne l'idolâtrie, l'adultère et le meurtre) » (*Genèse Rabba,* XIX, 3). Il faut sacrifier les *mitzvoth,* les préceptes de la Thora, à la Thora plutôt que de sacrifier un homme aux *mitzvoth*. Le but de la Thora n'est-il pas « de donner la vie à Israël, en ce monde-ci et dans le monde à venir ? » (*Otzar ha-Gueonim, Yoma,* 30, 32).

Une austérité continue risque de dessécher l'esprit du jour, tout comme la frivolité ne peut que le faire disparaître. On ne peut avec un harpon corriger une fine gravure, ni labourer le cerveau à la charrue. Il faut toujours se souvenir que le Sabbat n'est pas une occasion de divertissements et d'amusettes ; ce n'est pas le jour des feux d'artifice et du cirque. C'est le moment où nous pouvons rapiécer notre vie en haillons, retrouver le temps, et non pas le perdre. Le travail sans dignité engendre la misère ; le repos sans spiritualité est source de dépravation. Et en fait, les interdictions dont on a hérissé le Sabbat ont permis à la majesté du septième jour de ne pas dégénérer en vulgarité.

Le peuple de Rome réclamait avec insistance le pain et les jeux du cirque (cf. Juvenal, *Satires*, X,80). Mais l'homme ne vit pas de pain seulement, ni de jeux. Qui pourra lui enseigner à réclamer avec la même insistance l'esprit d'un jour sacré ?

Le Sabbat est le don le plus précieux que Dieu ait prélevé sur Son trésor en faveur de l'humanité. Tout au long de la semaine, l'esprit est trop loin de nous, nous dépérissons de l'absence de l'esprit. Au mieux, nous prions : « envoie-nous, Seigneur, une parcelle de Ton Esprit ». Mais le Sabbat, l'esprit est là et c'est lui qui nous prie : acceptez de moi toute perfection...

Mais ce que nous offre l'esprit est souvent trop haut pour nous. Nous acceptons le repos et le bien-être et laissons échapper l'inspiration du jour, ignorant d'où il vient et pourquoi il est là. Aussi la prière du samedi après-midi insiste-t-elle :

Puissent Tes enfants comprendre que leur repos vient de Toi, et que ce repos signifie la sanctification de Ton Nom.

Observer le Sabbat, c'est célébrer le couronnement d'une journée dans le royaume spirituel du temps dont nous respirons l'air « si tu fais du Sabbat tes délices » (Isaïe, LVIII, 13).

Délices du Sabbat (1) : délices pour l'âme, délices pour le corps. Il est tant de choses défendues au septième jour que « vous pourriez croire que Je vous ai donné le Sabbat comme un désagrément ; or, Je vous ai certes donné le Sabbat pour votre joie ». Sanctifier le septième jour ne signifie pas : mortifiez-vous ; mais bien au contraire : vous le sanctifierez de tout votre cœur, de toute votre âme et de tous vos sens. « Sanctifiez le Sabbat par une nourriture choisie, par de beaux vêtements ; réjouissez votre âme de plaisir et Je vous récompenserai de ce plaisir même » (*Deutéronome Rabba,* III, 1. Cf. *Midrash Tehillim,* XC).

Contrairement au Jour du Grand Pardon, le Sabbat n'est pas orienté tout entier vers des buts

---

(1) « Celui qui diminue les délices du Sabbat, agit comme s'il dépouillait la *Shekhina*, car le Sabbat est la fille unique de Dieu » (*Tiqqoune Zohar*, éd. Mantoue 1558, 59 b).

spirituels. C'est une journée de l'âme aussi bien que du corps ; bien-être et plaisir font partie intégrante de l'observance du Sabbat. L'homme tout entier, avec toutes ses facultés, doit participer à sa bénédiction.

Il était une fois un prince qui, exilé, vivait parmi des hommes brutaux et sans manières, sans que nul ne se doutât de son rang. Les années passaient et il dépérissait d'être séparé du roi son père et de son pays natal. Et voici qu'un jour un message secret lui parvient : son père lui promet le retour au palais, le pressant de conserver toujours ses manières princières. Grande fut la joie du prince ; il décida de célébrer la bonne nouvelle. Mais comment festoyer seul ? Il invite donc les hommes de la ville dans une taverne, commande pour tout le monde nourriture abondante et vins à flots. Ce fut une fête mémorable ; tout le monde était en joie : la populace à cause des boissons et le prince à l'avant-goût de son retour au palais natal (*Toledoth Ya'aqov Yoseph,* 203 c). L'âme ne peut festoyer seule ; le corps est invité à partager avec elle les réjouissances sabbatiques.

« Le Sabbat est un rappel des deux mondes : ce monde-ci et le monde à venir ; c'est un exemple des deux mondes. Car le Sabbat est joie, sainteté et repos ; la joie participe de ce monde, la sainteté et le repos proviennent du monde à venir. » C'est pourquoi nous disons le Sabbat : « Cieux, réjouissez-vous, terre, sois dans l'allégresse » (Ps. XCVI, 11), verset que Al Nakawa commente ainsi

(*Menorath ha-Maor,* éd. Enelow, II, 182) : « Les cieux marquent le monde à venir, le monde des âmes, tandis que la terre symbolise ce monde qui est terrestre et mortel ».

Observer le septième jour, ce n'est pas simplement se conformer à un strict commandement divin. L'observer, c'est célébrer la création du monde et créer tout de neuf le septième jour, majesté sainte dans le temps, « jour de repos, jour de liberté », jour qui est comme « un seigneur et un roi par-dessus les autres jours » (*Shibbole ha-Leket,* ch. 126), seigneur et roi dans l'empire du temps.

Comment pourrions-nous mesurer la différence entre le Sabbat et les autres jours de la semaine ? Le mercredi, les heures restent creuses, sans caractère, à moins que nous ne les emplissions d'une signification particulière. Les heures du septième jour possèdent au contraire un sens par elles-mêmes ; leur signification et leur beauté ne proviennent d'aucun travail que nous pourrions entreprendre, d'aucun avantage, d'aucun progrès que nous pourrions en tirer. Elles ont la beauté de la grandeur, ainsi que nous le disons à l'Office de l'après-midi :

Beauté de la grandeur, couronne de victoire, jour de repos et de sainteté... repos en amour et miséricorde, pur et vrai repos, repos qui engendre paix et sérénité, calme et tranquillité, repos parfait *auquel Tu prends plaisir.*

Le temps est comme un désert. Il a de la grandeur, mais non pas de la beauté. On ne goûte guère son étrange et terrifiant pouvoir ; on le craindrait plutôt. Et voici que nous arrivons au septième jour : le Sabbat est vêtu d'une félicité qui enchante l'âme, qui se glisse dans nos pensées, apaisante. Ce jour-là, les heures ne se bousculent pas les unes les autres. C'est un jour qui pose sa main fraîche sur toutes les tristesses, et les dissipe.

Personne, aussi grossier fût-il, ne saurait rester insensible à sa beauté. « L'homme sans connaissance est saisi de respect devant ce jour » (Talmud de Jérusalem, *Dammaï,* II, 23 b). Les rabbins étaient convaincus qu'il est pratiquement impossible de proférer un mensonge le jour saint du Sabbat.

Mais que signifie donc le mot même de « Sabbat » ? Selon le Zohar, c'est un nom du Saint béni soit-Il (88 b et 128 a). Puisque *Sabbat* est un nom de Dieu, on ne saurait l'énoncer en un lieu impur où l'on ne peut parler de la Thora. Rabbi Zvi Elimelekh de Dynov dit qu'il faut prendre garde à ne pas prononcer ce mot en vain (*Bne Issakhar,* Shabbat, I).

Le septième jour est un palais dans le temps avec un royaume pour tous. Il n'est pas une date, mais une ambiance.

Ce n'est pas un autre état de conscience ; c'est un autre climat. C'est comme si l'aspect de toutes choses avait changé. Nous sommes *à l'intérieur* du Sabbat, plutôt que le Sabbat n'est en nous ; c'est là un sentiment important. Nous ne pouvons savoir si nous pensons juste ou si nos sentiments sont nobles, mais l'atmosphère de la journée nous baigne comme une source qui coule sur la terre altérée, sans que nous y soyons pour quelque chose, sans même que nous y prenions garde.

« Combien précieuse est la Fête des Cabanes ! Quand nous sommes dans la Cabane, même notre corps est entouré de la sainteté de la *mitzwa* » disait un rabbin à l'un de ses amis. Et celui-ci de répondre : « Le jour du Sabbat apporte plus encore. A la Fête de Cabanes, nous pouvons sortir de la Cabane pour un instant, alors que le Sabbat nous enveloppe où que nous allions. »

La structure physique des objets, leur dimension spatiale, ne permet pas d'apprécier la différence entre le Sabbat et les autres jours. Les choses ne changent pas le septième jour. Mais la dimension du temps a changé, et le rapport de l'univers à Dieu. Le Sabbat a précédé la création et le Sabbat a parachevé la création ; il est tout ce que le monde peut supporter d'esprit.

C'est une journée qui ennoblit l'âme et inspire le corps. Voici une histoire à ce propos.

Il était un rabbin que ses persécuteurs avaient enfermé dans une cave où nulle lumière ne pouvait pénétrer au point qu'il ne pouvait distinguer le jour de la nuit. Ce qui le tourmentait surtout, c'était l'idée d'être incapable de célébrer le Sabbat par des chants et des prières, ainsi qu'il avait été accoutumé à le faire depuis son enfance. Mais en plus il souffrait d'une insurmontable envie de fumer. Il se reprochait de ne pouvoir vaincre cette passion ; il était humilié de sa faiblesse. Et soudain, c'était fini ; évanouie l'envie de fumer ! Une voix parlait en lui : « C'est vendredi soir ! c'est l'heure où m'abandonnait jadis le désir de tout ce qui est interdit par le Sabbat ». Tout joyeux, il se lève ; à haute voix, il remercie le Seigneur et entonne les bénédictions du Sabbat. Et il en fut de même chaque semaine ; son lancinant désir de tabac disparaissait régulièrement à l'arrivée du Sabbat (B. Auerbach, *Poet and Merchant*, New York, 1877, p. 27).

C'est l'une des plus hautes récompenses de la vie, une source de force, que de savoir surmonter les difficultés et vivre noblement. Le travail des six jours de la semaine et le repos du septième jour sont étroitement liés. Le Sabbat est l'inspirateur des autres jours.

Le verset de la Genèse (II,2) : « Dieu *accomplit* au *septième* jour Son ouvrage », semble énigmatique. N'est-il pas écrit : « Il Se *reposa* au *septième jour* » (ib.) ? « En *six* jours le Seigneur façonne les cieux et la terre » (Exode, XX, 11) ? Il nous semblerait normal que la Bible nous dise que Dieu acheva Son ouvrage au sixième jour. De cette évidence, nos anciens rabbins ont conclu qu'il y eut un acte créateur au septième jour. De même que les cieux et la terre furent créés en six jours, le repos, *menouha,* fut créé par le Sabbat.

« Après les six jours de la Création, de quoi

manquait encore l'univers ? De *Menouha.* Vint le Sabbat, vint la *menouha,* et l'univers fut parachevé » (1).

Menouha, que faute de mieux nous traduirons par « repos », est un terme qui indique quelque chose de plus que la simple abstention de travail et d'activité, plus que la libération d'une œuvre servile, d'un effort et de toute espèce de tension. *Menouha* n'est pas un concept négatif, mais une chose réelle et positive par nature. Telle devait être l'intention de nos rabbins quand ils affirmaient que la *menouha* exigea un acte créateur propre, que l'univers sans elle demeurerait inachevé.

« Qu'est-ce qui fut créé le septième jour ? La tranquillité, la sérénité, la paix et le repos » (*Genèse Rabba,* X, 9).

Dans l'esprit biblique, *menouha* est bonheur, calme, paix, harmonie. (Voir en particulier : Deutéronome, XII, 9 ; Rois, VIII, 56 ; Psaumes, XCV, 11 ; Ruth, I, 19). Le mot par lequel Job désigne cet état auquel il aspire après la mort est dérivé de la même racine que celle de *menouha* (Job, III, 13 ; cf. ib. 17 et XIV, 13 sqq). C'était un état où

(1) Rapporté comme un Midrash par Rashi sur Gen. II, 2 et sur *Meguilla* 9 a. Cf. *Tossafoth Sanhedrin* 38 a.

Selon le philosophe juif hellénique Aristobule, la lumière en laquelle nous percevons toutes choses, la lumière de Sagesse, fut créée au septième jour. Cf. Eusèbe, Préparation Evangélique, XIII, 12, 667 a.

l'homme est calme, un état dans lequel le méchant se départit de sa méchanceté, où les soucis eux-mêmes sont au repos. Il n'y a plus de luttes ni de querelles, plus de crainte ni de méfiance. Le principe d'une vie bonne est *menouha.* « Le Seigneur est mon berger, je ne manque de rien ; Il me met à l'abri dans les verts pâturages, Il me conduit aux eaux paisibles (aux eaux de *menouha*) (Psaumes, XXIII, 1-2). *Menouha* finit par être synonyme de « vie dans le monde à venir », de vie éternelle (1).

Six fois par semaine, nous disons dans la prière du soir : « Garde-nous à notre sortie et garde-nous à notre entrée » ; le soir du Sabbat, notre prière dit : « Déploie sur nous la tente de Ta paix ». Sortant de la synagogue, nous chantons (cf. Talmud, *Shabbat,* 119 b) :

La Paix soit sur vous,
Anges de la Paix.

Le septième jour chante. Un vieux texte raconte: « Quand Adam vit la majesté du Sabbat, sa grandeur et sa gloire, et la joie qu'il apportait à toutes les créatures, il entonna un *cantique au jour du Sabbat,* comme pour remercier le septième jour. Et Dieu dit : « Tu chantes un cantique au Sabbat, et tu n'en chantes pas à Moi qui suis le Dieu du Sabbat ? » Alors le Sabbat se leva et, se proster-

(1) Voir notamment *Shabbat,* 152 b ; *Kuzari,* V 10 ; *Yalkout Reubeni,* 174 a de l'éd. Amsterdam, 1700 ; et la prière *El male rahamim.*

nant aux pieds du Seigneur, dit : — « *Il est bon de louer le Seigneur* ». Et toute la création poursuivit : — « *Et de chanter Ton Nom, Très-Haut* ». (in : Wertheimer, *Batei Midrashot,* Jérusalem, 1950, p. 27. Midrash sur le Psaume XCII).

« Les anges ont six ailes, une pour chacun des jours de la semaine, et ils s'en servent pour chanter les louanges de Dieu ; mais le septième jour, ils restent silencieux, car c'est le Sabbat qui chante des hymnes au Seigneur » (*Or Zaroua,* II, 18 c ; L. Ginzberg, *The Legends of the Jews,* V, 101, propose une correction selon *Geonica,* II, 48. Mais on trouve une légende parallèle dans le *Yalkout Shimoni,* Tehillim, 843).

C'est le Sabbat qui inspire à toutes les créatures les chants de louange au Créateur. L'Office du Samedi matin s'exprime ainsi :

Dieu Se reposa de toute Son œuvre au septième [jour
et siégea sur Son Trône de Gloire,
c'est Dieu qui revêtit de beauté le jour de paix,
Il appela le Sabbat « le jour des délices ».
Telle est la louange du septième jour,
où Dieu Se reposa de toute Son œuvre :
Le septième jour chante une louange :
Cantique chant du jour du Sabbat,
il est doux de louer le Seigneur.
C'est pourquoi toutes Ses créatures
Lui rendent hommage et le bénissent.

Le Sabbat enseigne à tous les êtres Celui à qui reviennent toutes louanges.

⁂

La civilisation technique est le produit du travail, de la puissance humaine mise en œuvre dans le but d'acquérir, de produire des biens. Elle prend naissance lorsque l'homme, mal satisfait de ce que la nature lui offre, engage la lutte contre les forces de la nature afin d'accroître sa sécurité ou son confort. Pour employer un langage biblique, le but de la civilisation est de vaincre la terre, de dominer les bêtes.

Quelle fierté nous apportent nos victoires dans cette guerre contre la nature ! Quelle fierté à contempler les innombrables instruments que nous avons inventés, toutes ces choses si commodes que nous sommes capables de fabriquer ! Et cependant nos victoires en sont venues à ressembler singulièrement à des défaites. En dépit de nos triomphes, nous sommes victimes de ce que nos mains ont fait ; les forces que nous avons conquises sont bien près de nous conquérir.

Notre civilisation serait-elle donc un acheminement vers la catastrophe, comme bien des gens auraient tendance à le croire ? La civilisation serait-elle viciée dans son principe, faut-il la rejeter et la condamner ? La foi juive ne pousse pas à sortir du monde, mais au contraire à y vivre et à aller au-delà du monde ; il ne faut pas rejeter la civilisation, mais la dépasser. Le Sabbat est le jour où nous apprenons l'art de *dépasser* la civilisation.

Adam fut placé dans le Jardin d'Eden « pour le soigner et le garder » (Genèse, II, 15). Le travail n'est pas simplement la destinée humaine ; il est revêtu d'une dignité divine. Mais après qu'il eût mangé du fruit de l'Arbre, Adam fut condamné au pénible labeur, et non plus seulement au travail : « Dans la peine tu en mangeras tous les jours de ta vie » (id. III, 17). Le travail est une bénédiction, le « labeur » est la misère humaine.

Le Sabbat en interdisant tout ouvrage ne tend pas à déprécier le travail, mais bien au contraire à en affirmer, à en exalter la divine dignité. S'abstenir de travail au septième jour n'est qu'une conséquence du commandement : « Six jours tu travailleras et feras tout ton ouvrage » (Exode, XX, 9 ; XXIII, 12 ; XXXI, 15 ; VVVIV, 21 ; Lévitique, XXIII, 2 ; Deutéronome, V, 13).

« Six jours tu travailleras et feras tout ton ouvrage ; mais le septième jour est Sabbat pour le Seigneur. » C'est le même commandement qui ordonne à la fois le travail et le respect du Sabbat. « Aime le travail », disent les *Pirqe Aboth.* Le devoir de travailler six jours durant fait tout autant partie de l'Alliance de Dieu avec l'homme que le devoir de n'accomplir aucun travail au septième jour (*Abboth de Rabbi Nathan,* éd. Schechter, ch. II).

Réserver dans la semaine un jour à la liberté, un jour où nous laissons chômer ces outils dont nous forgeons si facilement des armes meurtrières, un jour où nous demeurons face à nous-mêmes, où nous nous détournons de tout ce qui est vulgaire, un jour où nous renonçons à toutes les obligations extérieures, où nous interrompons notre culte idolâtre des produits de la civilisation technique, où nous ne touchons pas à l'argent, un jour d'armistice dans notre guerre contre les hommes et les forces de la nature — est-il une institution qui, plus que le Sabbat puisse soulever l'espoir en un progrès de l'homme ?

Nous ne pouvons résoudre le plus angoissant problème de l'humanité en renonçant à la civilisation technique, mais en nous efforçant d'atteindre à une certaine indépendance à son égard.

Envers les dons extérieurs, les biens corporels, une seule attitude est vraie : même si nous les possédons, savoir nous en passer. Le Sabbat, nous vivons pour ainsi dire *libérés de la civilisation technique ;* nous nous abstenons d'abord de toute activité qui aurait pour but de refaire, de remodeler les objets de l'espace. La conquête de la nature, ce royal privilège de l'homme, est suspendu le septième jour.

Quels sont donc les travaux interdits le jour du Sabbat ? Selon nos rabbins (*Shabbat,* 49 b) ce sont tous ceux qui servirent à construire et à meubler le Sanctuaire dans le désert, car le Sabbat est lui-même le sanctuaire que nous édifions, *un sanctuaire dans le temps.*

D'un côté, une course où l'on se laisse entraîner par les menaçantes vicissitudes de la vie ; et de l'autre, le calme où l'on étreint la présence d'un instant d'éternité.

Le septième jour est un armistice dans cette guerre cruelle que l'homme livre pour son existence, une trêve au milieu de tous les conflits personnels et sociaux, la paix entre l'homme et l'homme, entre l'homme et la nature, la paix en l'homme. C'est un jour dont la sainteté serait souillée par l'argent, un jour où l'homme affirme son indépendance à l'égard de cette grande idole du monde. Le septième jour est un exode loin de toute tension ; le Sabbat révèle à l'homme sa royauté sur le monde du temps.

Dans l'océan tumultueux des travaux et des jours, il est des îles de sérénité, des hâvres où l'homme peut se réfugier et retrouver sa dignité. Tel est le septième jour, le Sabbat, le jour où, détaché de toute chose terrestre, on s'attache au seul esprit.

Le Sabbat doit s'écouler « avec charme, grâce, paix et profond amour... car, en ce jour, même le méchant enfer trouve la paix ». C'est donc un double péché que la colère du Sabbat. « Vous n'allumerez pas de feu dans vos demeures au jour du Sabbat » dit l'Exode (XXXV, 3), et au XVIIIe siècle, Rabbi Isaïah Horowitz interprète : « Vous n'allumerez pas le feu de la discorde ni la flamme de la colère » (*Shenei Louhoth ha-Brith,* éd. Francfort-sur-Oder, 1717, p. 131a). Vous n'allumerez pas de feu — pas même le feu d'un juste ressentiment.

Du fond de nos jours de guerre, de ces jours dont la laideur nous devient une souffrance, nous attendons le Sabbat, notre patrie, notre source et notre destinée. Nous avons abandonné toute préoccupation plébeienne pour nous réclamer de notre véritable condition : elle nous donne part, de plein droit, à une bénédiction qui nous permet d'être ce que nous sommes, qui ne regarde pas notre science, ni nos réussites. Ce jour-là nous sommes libérés de toute sujétion sociale.

Nous pouvons toute la semaine peser notre richesse et nous inquiéter de notre pauvreté, mettre en balance nos succès et nos défaillances, mesurer le pas qui nous rapproche de nos ambitions, ou qui nous en éloigne. Mais qui, à la vue de ce fugitif rayon d'éternité, pourrait se sentir déçu, sinon de la vanité de sa propre détresse ?

Le Sabbat n'est pas le jour de l'anxiété ou des soucis, de tout ce qui peut estomper la joie. Ce n'est pas le moment de rappeler ses fautes, de les confesser, de se repentir, ni même de prier pour demander secours, pour obtenir quoi que ce soit. Le jeûne, le deuil, les moindres signes de tristesse sont prohibés. Le deuil est suspendu ; et si l'on visite un malade, on lui dit : « C'est Sabbat aujourd'hui, il ne faut pas se plaindre ;

la guérison est proche » (*Shabbat,* 12a). Il faut s'abstenir de tout effort, de toute tension, même au service de Dieu (1).

La prière des Dix-Huit Bénédictions perd tous les passages qui rappellent la tristesse et la douleur en ce jour que Dieu nous accorde pour la joie et le plaisir. S'il y a un malade dans notre maison, nous risquerions de nous attrister en disant : « qui guérit les malades », et le Sabbat serait assombri. Pour la même raison, dans la prière après le repas, nous disons le Sabbat : « qu'il n'y ait ni tristesse ni peine au jour de notre repos » (Al-Nakawa, *Menorat ha-Maor,* II, 191). Etre triste le Sabbat est un péché (*Sefer Hassidim,* éd. Wistinetzki, Berlin, 1924, p. 426 ; cf. Talmud de Jérusalem, *Berakhot,* 5b).

Le Sabbat est un jour d'harmonie et de paix, paix entre l'homme et l'homme, paix en l'homme, paix avec toute chose. Le septième jour, l'homme n'a pas le droit d'intervenir dans le monde de Dieu, de modifier l'état physique des objets. C'est un jour de repos pour l'animal aussi bien que pour l'homme : « ... aucun travail... ni ton bœuf, ni ton âne, ni aucune de tes bêtes » (Deutéronome, V, 15).

Rabbi Salomon de Radomsk arriva un jour dans une ville où, lui avait-on dit, vivait une

---

(1) « Rabbi Zera, lorsqu'il trouvait deux élèves [engagés en une savante discussion], leur disait : Je vous prie de ne pas profaner le Sabbat [en négligeant ses joies et la bonne humeur] ». (*Shabbat,* 119 ab).

vieille femme qui avait connu le célèbre Rabbi Elimelekh. Elle était trop vieille pour sortir ; aussi alla-t-il jusque chez elle pour lui demander de raconter tout ce qu'elle savait du grand Maître.

—« Je ne sais rien de ce qui se passait dans sa chambre ; je n'étais qu'une fille de cuisine. Je ne peux vous dire qu'une seule chose. Pendant la semaine, les servantes se disputaient souvent. Mais chaque vendredi, quand approchait le Sabbat, tout changeait, et il régnait à la cuisine l'esprit du Jour du Grand Pardon. Nous étions comme poussées par les besoin de nous demander pardon les unes aux autres. Nous étions saisies par un sentiment d'affection et de paix intérieure » (K. Kamelhar, *Dor De'ah,* Bilgoraj, 1933, p. 127).

Ainsi, le Sabbat est plus qu'un armistice, plus qu'un entracte ; c'est l'harmonie profonde et consciente entre l'homme et l'univers, une sympathie totale, une participation à l'esprit qui unit ce qui est en bas à ce qui est en haut. Tout ce qui est divin dans le monde s'unit à Dieu. Tel est le Sabbat, et le vrai bonheur de l'univers.

« Six jours durant tu travailleras et accompliras *tout* ton ouvrage » (Ex. xx, 8). Est-il possible que l'homme accomplisse *tout* son ouvrage en six jours ? Notre travail ne reste-t-il pas toujours inachevé ? Mais le verset nous dit : le Sabbat, tu te reposeras comme si tout ton ouvrage était accompli ; ou, selon une autre interprétation : repose-toi même de l'idée du travail (1).

Un homme pieux flânait un jour dans ses vignobles. C'était le Sabbat. Il aperçut une brèche dans la clôture et se dit qu'il la lui faudrait réparer quand le Sabbat serait passé. Le Sabbat passa, mais l'homme pieux décida alors de ne jamais réparer cette brèche, puisque l'idée lui en était venue un jour de Sabbat (Talmud de Jérusalem, *Shabbat,* 15a).

---

(1) *Mékhilta* sur Exode, XX, 9.

Selon E. Mahler, la racine SaBat ne signifie pas « se reposer » mais « être achevé ». Le nom babylonien *Shabbatu* désigne un cycle, au sens chronologique du terme, le jour où la lune *achève*, complète son cycle, le jour de la pleine lune. (*Der Shabbat*, in ZDMG, LXII, 33-79).

CHAPITRE NEUVIEME

LA SPLENDEUR DE L'ESPACE

Interprétation allégorique d'une discussion ancienne.

La scène se situe en Palestine, aux environs de l'an 130, sous la domination romaine.

Personnages : *trois Maîtres réputés et un profane.*

Rabbi Judah ben Ilai, Rabbi José et Rabbi Simeon ben Yohai étaient réunis ; avec eux se trouvait un homme qu'on appelait Judah ben Gerim. Rabbi Judah disait :

— Je trouve admirable les travaux de ces Romains ! Ils ont tracé des routes, dégagé des voies et des places, bâti des ponts, construit des thermes.

Rabbi José ne répondit pas.

Rabbi Simeon ben Yohai prit alors la parole :

— Tout ce qu'ils ont fait, ils l'ont fait pour eux-mêmes : les rues et les places, pour s'y prostituer : les ponts, pour en percevoir les péages ; les thermes, pour y plonger leurs corps dans la volupté.

Judah ben Gerim rentra chez lui et raconta à ses parents tout ce qui s'était dit. Son récit, de proche en proche, parvint jusqu'au gouverneur. Celui-ci décréta :

— Judah, qui nous a loué, sera récompensé ; José, qui s'est tu, sera exilé ; Simeon, qui a dénigré notre œuvre, sera mis à mort.

Lorsque Rabbi Simeon apprit ce décret, il emmena son fils Rabbi Eleazar et se cacha avec lui dans la Maison d'Etudes. Chaque jour, sa femme venait lui apporter en cachette du pain et une cruche d'eau. Quand Rabbi Simeon apprit qu'on le recherchait partout, il dit à son fils :

— Nous ne pouvons nous fier à la discrétion d'une femme ; on peut facilement la faire bavarder, ou bien on la soumettra à la torture jusqu'à ce qu'elle révèle notre cachette.

Aussi sortirent-ils de la ville ; ils se cachèrent dans une caverne, et personne ne savait ce qu'ils étaient devenus. Or, il se produisit un miracle : un caroubier poussa à l'intérieur de la caverne, et il s'y ouvrit un puits, de sorte qu'ils eurent suffisance de nourriture et de boisson. Ils enlevaient leurs vêtements, et restaient tout le jour, enfouis dans le sable jusqu'au cou, à étudier la Thora ; quand venait l'heure de la prière, ils remettaient leurs vêtements et priaient. Puis ils se déshabillaient à nouveau et, enterrés dans le sable, reprenaient leur étude, et leurs vêtements ne s'usaient pas. Ainsi passèrent-ils douze années dans la caverne.

Quand douze années furent passées, Elie le Prophète survint et, debout à l'entrée de la caverne, s'écria :

— Qui annoncera à Ben Yohai que l'Empereur est mort et que son décret est rapporté ?

Entendant cela, ils sortirent de leur caverne. Devant eux s'étendaient les champs et le peuple labourait et semait. Ils s'écrièrent alors :

— Tous ces hommes oublient la vie éternelle et s'adonnent aux tâches de ce monde !

Leur regard brûlait d'une telle indignation que là où il se posait s'élevaient aussitôt des flammes. Alors une voix cria du haut des cieux :

— N'êtes-vous ressortis que pour détruire Mon monde ? Retournez à votre caverne !

Ils y retournèrent et demeurèrent là encore

douze mois car, disaient-ils, le châtiment des méchants en enfer ne dure que douze mois.

Quand les douze mois furent écoulés, la voix se fit entendre du haut des cieux et leur dit :

— Sortez de votre caverne !

Et ils sortirent. Rabbi Simeon dit :

— Mon fils, si nous restons les seuls à étudier la Thora, cela suffira au monde. C'était veille du Sabbat. Comme ils s'avançaient, ils virent un vieillard portant deux touffes de myrte, parfumées comme le Paradis.

— Pourquoi ces myrtes ? demandèrent-ils.

— En l'honneur du Sabbat, répondit le vieillard.

Rabbi Simeon dit alors à son fils :

— Vois combien sont chers à Israël les commandements de Dieu...

Et ils trouvèrent tous deux la tranquillité de l'âme. (*Shabbat,* 33b.)

On pourrait dégager d'innombrables significations cachées dans cette histoire silencieuse et solitaire d'un homme offensé par le scandale d'une désacralisation du temps et qui refuse de célébrer la splendeur de l'univers civilisé. L'histoire nous décrit symboliquement comment Rabbi Simeon ben Yohai et son fils passèrent de l'indignation et du dégoût pour ce monde, d'une tentative de détruire les hommes adonnés aux activités terrestres, à la réconciliation avec ce monde. Ce qui animait ces deux Rabbis, ce n'est pas, comme les historiens l'affirment généralement (cf. p. ex. J.H. Weiss, *Zur Geschichte des Jüdischen Tradition,* texte hébreu, II, 143) un simple ressentiment patriotique à l'égard de la puissance qui avait vaincu le peuple de Judée et qui le persécutait. L'ensemble de l'histoire montre bien que, dès le début, ce qui était en cause, était non pas seulement la domination romaine, mais la civilisation romaine. Après douze années passées dans la caverne, la portée du débat s'élargit encore. Le problème dépasse une civilisation particulière et englobe le principe même de toute civilisation, la valeur de l'existence terrestre.

Rome, à cette époque, atteignait l'apogée de sa gloire. Elle était la maîtresse du monde ; tous les peuples riverains de la Méditerranée se courbaient à ses pieds ; son commerce franchissait les frontières de l'Empire et s'étendait au Nord jusqu'en Scandinavie, à l'Est jusqu'en Chine ; la civilisation romaine créait des chefs-d'œuvre de technique. Dans toutes les provinces, on constatait d'immenses progrès dans le domaine de l'administration, dans l'industrie, dans l'architecture. Les chefs de l'Empire ambitionnaient de marquer toutes les provinces de monuments publics dignes de traduire la splendeur de leur époque. Les forums, les théâtres, les arènes, les thermes, les ponts et les aqueducs se multiplièrent, véritables merveilles d'un art architectural en pleine possession de sa technique.

Rome domine, en pleine gloire, cité vers laquelle « se tournent les regards des hommes et des dieux ». Plusieurs générations plus tard, un poète peut encore affirmer que « le ciel ne présente rien de plus beau ; l'œil ne peut embrasser son immensité, ni le cœur ressentir sa splendeur, ni la langue en chanter une louange suffisante » (cf. Friedlander, *Roman Life and Manners,* Londres, 1908, I, 6). Le Colisée à la masse imposante, le Panthéon et sa voûte orgueilleuse, le Forum de Trajan surtout, avec sa magnificence sans pareille que « les dieux mêmes admirent », semblent proclamer que l'Empire et l'éternité se confondent. L'antiquité croyait que les monuments durent éternellement (1). Aussi accordait-on à Rome l'épithète la plus flatteuse : elle était *la Ville Eternelle* (2). L'Etat devint l'objet d'un culte, une

---

(1) Voici, par exemple, l'inscription portée sur la tombe de Midas, selon Diogène Laërce, *Vie des Philosophes illustres* : « Je suis une jeune fille de bronze et je repose sur la tombe de Midas. Aussi longtemps que les eaux couleront, que les arbres puissants croîtront, aussi longtemps que se lèvera et luira le soleil, et la lune brillante aussi, que courront les rivières et que la mer baignera les rivages, je demeurerai sur sa tombe baignée de larmes pour redire aux passants : ici repose Midas. »

Une idée parallèle se retrouve dans le Livre de Josué, IV, 7.

(2) L'expression *urbs aeterna* déjà chez Tibulle, dans les *Fastes* d'Ovide (3, 78) et dans de nombreux documents officiels de l'Empire (cf. *Thesaurus Linguae Latinae,* I, 1141). Jérusalem n'est jamais appelée *'ir 'olam.* A la période hellénistique, l'épithète « éternel » est emphatiquement attribuée à Dieu. *ribbon ha-'olamin,* Maître des Mondes. Cf. W. Bousset. *Die Religion des Judentums,* 3e éd., Tübingen, 1936, p. 311.

divinité personnifiée par l'empereur qui personnifiait déjà sa souveraineté.

Il était difficile de ne pas se laisser impressionner par les triomphes du grand empire et de contredire une personnalité aussi pondérée que Rabbi Judah ben Ilai quand il rendait hommage aux bienfaits que les Romains avaient apportés au peuple de Judée. Et cependant, pour Rabbi Simeon ben Yohai, ces triomphantes réussites étaient scandaleuses, haïssables et abominables. Il n'éprouvait que répulsion pour l'esprit calculateur et utilitaire de la civilisation romaine. Il savait que tous ces édifices magnifiques, tous ces bâtiments publics n'étaient pas élevés pour le bien du peuple, mais pour servir les abominables desseins de Rome : « Tout ce qu'ils ont fait, ils l'ont fait pour eux-mêmes » (1).

Lorsque Rabbi Simeon ben Yohai quitta le monde civilisé pour demeurer des années dans une caverne, enfoui dans le sable, il offrit sa vie de ce monde pour acquérir « la vie éternelle ».

---

n. 5. Nous trouvons cependant l'expression *'am 'olam*, peuple éternel, dans Isaïe XLIV, 7 ; (qu'on pourrait aussi comprendre : « peuple ancien »), et l'idée d'éternité rattachée à Jérusalem, mais aux temps messianiques, dans Jérémie, XVII, 25. L'expression *beth 'olam*, maison d'éternité, pour désigner un cimetière (Ecclésiaste, XII, 5) est une vieille expression orientale.

(1) Pour la critique du gouvernement romain, voir en particulier l'opinion de l'entourage de Rabbi Yohanan ben Zakkaï dans *Baba Bathra*, 10 b ; cf. aussi Pesikta de Rav Kahana, 95 b. L'éloge de l'Empire romain est prononcé par Rabbi Simeon ben Laqish dans *Genèse Rabba*, IX, 13.

Mais c'était là un but qui n'avait guère de sens pour ses ennemis ; pour la plupart des Romains l'éternité était un concept presque terrestre. L'éternité de l'âme ne signifiait pas qu'elle était emportée vers une existence supra-terrestre et divine. L'immortalité se traduisait par la renommée, ou l'attachement à une maison, à une demeure terrestre même après la mort. Mais Rabbi Simeon abandonna aussi bien sa maison que la voie de la renommée qu'on n'atteint généralement que par une intense activité mondaine. Il fuit ce monde où *l'éternité était l'attribut d'une cité* et se réfugia dans sa caverne pour trouver une méthode pour doter la vie de l'éternité.

Les Romains ne croyaient pas en une survie, ni en une félicité éternelle, une rétribution après la mort (1). L'esprit romain ne pouvait satisfaire l'ardent désir d'une telle croyance. « Le corps meurt, la personnalité disparaît, rien ne reste vivant si ce n'est le souvenir de la vertu et actions du défunt » (E. Rohde, *op. cit.,* p. 395). Le terme « immortalité » devint une *métaphore* qui marquait simplement que le peuple gardait le souvenir de telle ou telle personne, métaphore dont le charme reste encore trompeur de nos jours. Dans un appel au Sénat, demandant qu' « il soit élevé

(1) W.W. Fowler, *The Religious Experience of the Roman People,* p. 387 ; George Foot Moore, *History of Religions,* I, 551. Erwin Rohde consacre un long développement à ce problème dans *Psyche,* Tübingen 1925, II, p. 336 sqq. (trad. française chez Payot).

un monument aussi grandiose que possible » aux soldats de la légion martienne tombés sur le champ d'honneur, Cicéron s'écriait : « Brève est la vie que nous accorde la nature ; mais le souvenir d'une vie noblement sacrifiée est éternel... Aussi faut-il ériger une stèle magnifique et y graver une inscription, et — ajoutait-il, apostrophant les soldats morts — quand les hommes verront votre monument, quand ils en entendront parler, jamais leur profonde gratitude ne pourra rester muette. Ainsi, en échange d'une vie mortelle vous aurez gagné l'immortalité » (*Philippiques,* XIV, 12). En une autre occasion, Cicéron parlait au peuple romain qui lui « avait accordé non point un vote de gratitude oublié dès que passe la journée, mais l'éternité et l'immortalité » (*Mihi populus romanus aeternitatem immortalitatemque donavit,* in *Oratio in Pisonem,* 7. Sur l'immortalité chez Cicéron, cf Rohde, *op. cit.,* p. 226). Diogène Laërce remarque que « les plaisirs sont passagers, mais les honneurs immortels ».

En fait, c'est précisément cette conception de l'éternité qui détermina Rabbi Simeon à se retirer du monde. Une attitude analogue se fait jour, sporadiquement, dans l'esprit des philosophes stoïciens de Rome et Sénèque peut écrire que les dieux nous ordonnent « de nous préparer à les rejoindre un jour et de préparer l'immortalité » (*Epîtres morales,* CII, 29, cf A. Kaminsky in *Sefer Klausner,* Tel-Aviv, 1937, p. 172).

La plupart des hommes s'acharnent à la poursuite des récompenses que Rabbi Simeon ben Yohai méprisait. Il n'acceptait pas la domination des objets terrestres, de tout ce monde appelé à disparaître. La gloire que vous décernent les hommes faut-il la considérer comme éternelle ? Que vaut le souvenir du monde ?

Toute chair est comme l'herbe
et tout son éclat comme la fleur des champs.
L'herbe sèche, la fleur se fane ;
... Mais la Parole de notre Dieu subsiste pour [l'éternité.

(Isaïe, XL, 6-8.)

Le monde est éphémère, mais ce par quoi le monde fut créé — la Parole de Dieu — est éternel. On n'atteint l'éternité que par une vie adonnée à la Parole de Dieu, à l'étude de la Thora.

Jusqu'à nos jours, nous proclamons dans nos prières que la Thora est la source de l'éternité. En nous consacrant à la Thora, il nous est donné de percevoir un parfum d'éternité, et c'est pourquoi, après chaque lecture liturgique de la Thora, nous remercions et disons : « Tu es béni... qui nous as accordé la Thora... et as planté en nous *la vie éternelle.* » Et quand nous quittons ce monde pour reposer dans le monde à venir, quelle est donc la félicité réservée à l'âme des justes ? C'est de commencer à comprendre le sens profond de la Thora : « Les choses qui sont celées aux hommes en ce monde deviendront transparentes comme des globes de cristal » (*Pesikta,* éd. Buber, 39b.)

Pour Rabbi Simeon, ce ne sont pas ceux qui troquent le temps pour l'espace qui conquièrent l'éternité, mais ceux qui savent emplir d'esprit leur temps. Pour lui, le grand problème était le *temps,* et non point *l'espace* ; il s'agissait pour lui de transmuer le temps en éternité, et non point de remplir l'espace de palais, de ponts et de routes. La solution du problème est dans l'étude et la prière, et non point dans la géométrie et l'industrie.

Ce n'est pas le désespoir qui engendra chez Rabbi Simeon son mépris pour les occupations de ce monde. Au fond de son refus tranchant pour tout ce qui est terrestre, nous pressentons la soif des trésors éternels et un sentiment d'horreur à la vue d'un peuple qui gaspille sa vie à s'assurer une *vie éphémère* et néglige d'assurer sa *vie éternelle.* Sa soif était inextinguible ; elle ne laissait place à nul moyen terme, à aucun compromis. L'étude de la Thora est un devoir ; c'est la voie par laquelle on atteint l'éternité, et c'est une exigence qui réclame toute notre vie : « Ce Livre de la Thora ne quittera pas ta bouche, et tu le méditeras jour et nuit » (Josué, I, 8.) Faiblir, perdre ne serait-ce qu'une seule heure, se paye d'un instant de vie éternelle ; c'est un « suicide partiel ». Aussi Rabbi Simeon ne pouvait que considérer toute activité terrestre comme un crime.

Un contemporain de Rabbi Simeon ben Yohai, le célèbre hérétique Alisha ben Abouyah, se plaçait à un point de vue radicalement opposé. Il vivait sous le charme de la culture hellénistique et parcourait les écoles pour séduire les élèves, les détourner de l'étude de la Thora, les entraîner à consacrer leur énergie à quelque tâche plus « positive » : « Dehors, paresseux ! Vous avez suffisamment gaspillé votre vie. Entreprenez une œuvre d'homme : toi, deviens charpentier ; toi, maçon, ou tailleur ! » (Talmud de Jerusalem, *Haguiga,* 77b.)

Rabbi Simeon renonce au monde ; Elisha ne croit qu'au monde. Ce sont là deux extrêmes qui ne soulevèrent que peu d'enthousiasme chez leurs contemporains. Le saint Rabbi Judah ben Ilai, qui discutait avec Rabbi Simeon sur la valeur des constructions romaines, n'admettait pas l'exigence absolue de Rabbi Simeon. Personnellement, Rabbi Judah se livrait à l'austérité et à un sévère ascétisme. Il disait : « Je ne désire tirer aucun plaisir de ce monde » (*ib.*). Mais pour les autres hommes, il admettait que la meilleure voie est la voie moyenne. Il compare la vie à deux routes ; l'une est de feu, et l'autre, de glace. « Si tu marches sur l'une, tu te brûleras ; si tu marches sur l'autre, tu gèleras. Que faire ? Marcher au milieu » (*Abboth de Rabbi Nathan,* chap. 28).

Toute autre est l'opinion de Rabbi Simeon. « L'Ecriture dit : *et tu recueilleras ton blé* (Deutéronome, XI, 14) — que nous enseigne ce verset ? Comme il est écrit ailleurs (Josué, I, 8) : *Ce Livre de la Thora ne quittera pas ta bouche, et tu le méditeras jour et nuit*, on pourrait croire qu'il faut prendre ces paroles à la lettre (et ne se livrer à aucun autre travail, renoncer à assurer son existence matérielle) ; c'est pourquoi, il nous est enseigné : *et tu recueilleras ton blé,* c'est-à-dire : tu auras en même temps une tâche terrestre. Telles sont les paroles de Rabbi Ishmaël. Mais Rabi Simeon dit : « Esf-il possible à un homme de labourer au temps des labours, de semer au temps des semailles, de moissonner au temps de la moisson, de battre au temps des battages, et de vanner au temps du vannage — que deviendra alors la Thora ? » (*Berakhot,* 35b).

Rabbi Simeon et son fils apparaissent comme l'antithèse de Prométhée. Lorsque Zeus refusa de livrer le feu aux hommes, Prométhée le vola aux dieux du ciel et l'apporta aux hommes sur la terre dans une tige creuse ; il leur enseigna aussi différentes techniques. C'est pourquoi les hommes le célébraient comme le fondateur de la civilisation ; c'est pourquoi aussi les dieux le punirent et l'enchaînèrent à un rocher où un vautour venait chaque jour lui ronger le foie. Tout au contraire, Rabbi Simeon essaya de retirer le feu aux hommes, leur reprochant de se livrer à la culture du sol. C'est pourquoi une voix céleste le réprimanda et le punit en le rejetant dans sa caverne pour douze mois.

Mais l'épisode le plus déconcertant de l'histoire en est la conclusion. Après douze années passées dans la caverne à prier et à étudier, les deux saints hommes avaient maintenu leur condamnation de toute activité terrestre. Une voix du ciel le leur reproche et, après douze mois encore de pénitence dans la caverne, le père était guéri de sa négation du monde. Mais même alors le fils ne signa la paix avec le monde qu'au moment où ils eurent tous deux le spectacle du « vieillard » tenant deux touffes de myrtes en l'honneur du Sabbat ; et ce spectacle leur remit l'esprit en paix. Quelle était la signification de cette rencontre ? En quoi indique-t-elle une solution au tragique problème de la civilisation ?

Selon la doctrine de Rabbi Simeon, seul le ciel existe, et rien d'autre. Mais le ciel lui-même le contredit et affirme : il existe le ciel, et tout le reste. Sa fureur guerrière fut brusquement brisée par la Voix : *N'êtes-vous donc ressortis que pour détruire Mon monde ?* Ce que Rabbi Simeon niait, la Voix l'affirmait.

C'est seulement lorsque Rabbi Simeon et son fils sortirent de la caverne à la fin de leur seconde période de retraite que leur esprit se réconcilia avec l'idée que le monde qui est sous les cieux mérite qu'on y travaille. Quelle fut la cause de ce retournement ?

C'était le « vieillard », symbolisant le peuple d'Israël, sorti à la rencontre du Sabbat, des myrtes à la main, comme pour accueillir *une fiancée.*

Le myrte, dans l'antiquité, était le symbole de l'amour, la plante des fiançailles. Lorsqu'il allait inviter ses amis à ses noces, le fiancé portait des myrtes (*Beth Midrash,* v, 153). Selon des coutumes locales, à l'office du mariage, on récitait une bénédiction sur le myrte (*Mishne Thora, Ishout,* x, 4). Un dais de myrtes était élevé pour la mariée (Rashi, *Shabbat,* 150b) et le marié portait une guirlande de roses ou de myrtes (1). On dansait devant la mariée avec des branches de myrtes. Rabbi Judah ben Ilai (le collègue de Rabbi Simeon qui disputait contre lui au sujet de Rome) avait coutume de contribuer à la joie de chaque mariage : il portait des branches de myrte, dansait devant la mariée en chantant : « Belle et gracieuse fiancée ! » (2). Le « vieillard » qui, dans

(1) *Mishna Sotah*, IX, 14 ; *Tosefta*, XV, 8 ; *Talmud* 49 b. Le nom hébreu de la myrte, *hadassah*, était le véritable nom d'Esther (II, 7). Dans un poème de Juda Halevi, la fiancée est décrite comme « un myrte fleuri parmi les plantes du Jardin d'Eden » (cf. I. Löw, *Die Flora der Juden*, II, 273). Dans la mythologie grecque, le myrte est la plante d'Aphrodite et le symbole de l'amour. Voir Pauly-Wissowa aux articles Aphrodite et Myrte.

(2) *Ketouboth*, 17 a. Rabbi Samuel, fils de Rabbi Isaac, dansait avec trois branches. Rabbi Zera dit : « Ce vieillard

le jour déclinant, courait à la rencontre du Sabbat, deux brins de myrte à la main (1), personnifiait donc l'idée d'Israël accueillant le Sabbat comme une fiancée (2).

Pour les Romains, la civilisation technique était la plus haute ambition ; ils soumettaient le temps à l'espace. Pour Rabbi Simeon, la vie spirituelle

---

nous fait honte ». Mais quand Rabbi Samuel mourut, une colonne de feu descendit du ciel et le sépara du reste du monde, miracle qui ne se produisait que pour un homme ou deux par génération. Cf. aussi : Talmud de Jerusalem, *Peah*, 15 d ; id. *Avodah Zarah*, 42 c.

(1) Le myrte finit par être considéré comme la plante du Sabbat (« Le Sabbat a besoin de myrte », *Sefer Hassidim*, éd. Wistinetzki, Francfort-s/Mein 1924, 553 p. 145). Selon Rabbi Isaac Louria, nombreux sont les gens qui, le vendredi soir, prennent deux branches de myrte, les bénissent et en hument le parfum. (Cf. le *Shoulkhan 'Aroukh* de Rabbi Isaac Louria, Wilna, 1880, p. 29 a ; et Rabbi Isaiah Horowitz, *Shne Louhoth ha-Berith*, p. 133 b).

Au Sabbat finissant, quand part l'âme supplémentaire, nous devons nous consoler par le parfum d'herbes aromatiques, car. à cet instant, « l'âme et l'esprit se séparent dans la tristesse jusqu'à ce que le parfum viennent les unir à nouveau et leur rendre la joie » (*Zohar*, III, 35 b). Selon Ibn Gabbai, *Tola'at Jacob*, 30 b, c'est le myrte qui remplit le mieux cet office. Le Talmud qui parle souvent des plantes aromatiques dans la cérémonie de la *habdallah* ne cite pas nommément le myrte. L'usage de la bénédiction du parfum de la *habdallah* a subsisté jusqu'à nos jours.

(2) Le récit de la rencontre de Rabbi Simeon et du « vieillard » se poursuit ainsi (*Shabbat*, 33 b) : Rabbi Simeon lui demande : Pourquoi portes-tu deux branches ? Une seule ne suffit-elle pas ? — L'une est pour « *Tu te souviendras* », et l'autre pour « *Tu garderas* ». Il fait allusion aux deux mots différents qui introduisent le quatrième Commandement respectivement dans Exode, XX, 8

était la plus haute ambition, et le temps menait à l'éternité. Sa consolation finale fut de voir que, en dépit de toutes les occupations terrestres, il était un attachement qui sauverait le peuple d'Israël, un engagement plus profond que tous les intérêts matériels — le Sabbat.

Telle est la réponse au problème de la civilisation : ne pas fuir le royaume de l'espace ; agir par les objets spatiaux, mais n'être amoureux que de l'éternité. Les objets sont les instruments dont nous nous servons ; l'éternité, le Sabbat, c'est notre compagne intime. Israël est fiancé à l'éternité. Même si nous dédions les six jours de la semaine aux activités terrestres, notre âme est l'épouse du septième jour.

Allégorie.

Au commencement, le temps était un, éternel. Mais le temps total, indivisible, le temps éternel, ne pouvait avoir commune mesure avec le monde spatial. Aussi le temps fut-il divisé en sept jours et il fut intimement lié au monde de l'espace. Chaque jour, un nouveau domaine de créations vint à l'existence, excepté le Sabbat. Le Sabbat était une journée solitaire. On pourrait comparer

---

et dans Deutéronome, V, 12. Selon un texte mystique, « *Tu te souviendras* » se rapporte au principe mâle, et « *Tu garderas* » au principe femelle. (*Bahir*, Wilna, 1913, 17 d). Nous retrouvons là l'idée du Sabbat-fiancée et d'Israël-fiancée.

cette histoire à celle d'un roi qui avait sept fils. A six d'entre eux il accorda des richesses, mais au septième, au plus jeune, il fit don de la noblesse et des prérogatives royales. Les six fils roturiers trouvèrent des compagnes, mais le fils noble resta solitaire.

Rabbi Simeon Yohai dit :

Quand fut achevée l'œuvre de la Création, le Septième Jour comparut devant Dieu : Maître de l'Univers, Tu as tout créé par couples ; à chacun des autres jours Tu as accordé une compagne ; moi seul reste abandonné. Et Dieu répondit : La Communauté d'Israël sera ton *compagnon.*

La promesse ne fut pas oubliée. « Quand le peuple d'Israël se tenait au pied du Mont Sinaï, le Seigneur dit : Souvenez-vous que J'ai dit au Sabbat : la Communauté d'Israël sera ton compagnon. D'où le *Tu te souviendras du Jour du Sabbat pour le sanctifier* de Exode xx, 8. Le mot hébreu *le-kaddesh,* « pour sanctifier », a pris, dans la langue talmudique, le sens de : consacrer une femme, se fiancer. Ainsi, l'emploi de ce mot au Sinaï fixait à Israël sa destinée de fiancé du jour sacré, lui commandait d'être l'époux du septième jour (1).

---

(1) La parabole est tirée de *Genèse Rabba*, XI, 8 ; son interprétation allégorique trouve sa source dans *Beouré ha-GRA* du Gaon de Wilna, p. 98. Les rapports de Dieu et d'Israël sont à la fois un fait historique patent et un mystère intime. Pour Rabbi Simeon ben Yohai, le Sabbat est le signe du mystère dans ces rapports. Il dit : Le Saint,

Malgré toute sa majesté, le Sabbat ne se suffit pas à lui-même. Sa réalité spirituelle appelle la participation de l'homme. Il est dans le monde une grande nostalgie. Les six jours ont besoin de l'espace ; le septième jour a besoin de l'homme. Il n'est pas bon que l'esprit soit seul ; aussi Israël fut-il destiné au Sabbat.

Pour comprendre le sens de cette nouvelle conception, il est important de se rappeler l'atmosphère de l'époque. Rabbi Simeon appartenait à une génération qui se souleva, en un dernier sursaut, sous la conduite de Bar Cokheba, pour secouer le joug de la puissance romaine, reconquérir l'indépendane et rebâtir le Temple de Jérusalem. Israël sans son sanctuaire se sentait seul au monde. La révolte fut brisée ; il était clair que c'était la dernière possibilité de soulèvement qui venait d'échouer. Le sanctuaire de l'espace resterait en ruines pour longtemps. Mais l'idée de Rabbi Simeon proclamait qu'Israël n'était pas seul. Israël est promis à la sainteté, à l'éternité. L'engagement fut pris bien avant que l'Histoire ne commence ; l'union avec le Sabbat, personne

---

béni soit-Il, a donné à Israël toutes les *mitzwoth*, tous les ordres, en public ; mais le Sabbat, Il l'a donné dans l'intimité ainsi qu'il est écrit : *entre Moi et Israël c'est un signe le'olam* (Exode XXXI, 17). L'expression hébraïque *entre... et* marque l'intimité de l'époux et de l'épouse (cf. *Nedarim* 79 b). Le mot *le-'olam* (éternellement), vocalisé différemment, peut être lu : *le'alem*, pour être tenu secret (*Betzah*, 16 a).

ne pourrait la rompre. Ce que Dieu a uni ne peut être désuni.

Au moment même où, à Rome, la déification de l'Empereur était une doctrine officielle, Rabbi Simeon célébrait une abstraction : le temps, le septième jour. La tradition juive n'aime guère les personnifications ; mais dans ses allégories, elle personnifie de façon rhétorique la sagesse de la Thora. Rabbi Simeon, hardiment, chante la gloire d'une journée et proclame l'union intime d'Israël et du Sabbat.

La conception de Rabbi Simeon met en évidence que les rapports de l'homme et de l'esprit ne sont pas unilatéraux ; il y a effet réciproque de l'homme à l'esprit, et de l'esprit à l'homme. Le Sabbat n'est pas seulement une institution juridique, un état d'esprit ou une forme de vie ; c'est une manière d'agir dans le monde de l'esprit. Dès le début des temps, une grande nostalgie criait de par le monde : le Sabbat appelait l'homme.

Grâce à Rabbi Simeon ben Yohai, la lumière d'une grande idée fut captée au miroir d'un mot, une de ces idées qui mène la destinée d'un peuple et donne l'auréole à une journée. Elle ne resta pas théorique ; elle transforma l'histoire. Plantée dans l'âme du peuple, elle s'exprima dorénavant tout au long des siècles dans toutes les pensées, dans les chansons, dans la manière de vivre.

Il suffit de deux générations pour que la nouvelle tonalité que Rabbi Simeon avait imprimée au septième jour, se fasse sentir dans la manière dont on le célébrait. Vers le milieu du IIIe siècle, lorsque les Rabbins parlaient du Sabbat, ils ne parlaient pas d'un temps abstrait et fugitif. La journée était une présence vivante, et lorsqu'elle survenait, ils sentaient qu'un hôte venait leur rendre visite. Quand un hôte vient chez vous, que ce soit par amitié ou par déférence, il faut lui souhaiter la bienvenue. Rabbi Yannai avait coutume de mettre ses plus beaux vêtements à la veille du Sabbat et de s'adresser à l'hôte immatériel : « *Viens, ô Fiancée ! Viens, ô Fiancée !* » (Shabbat, 119a). Rabbi Hanina le Grand mettait, lui aussi, de splendides vêtements, sortait en dansant et chantait, probablement au milieu de ses amis : « Venez, allons accueillir la Princesse Sabbat ! » (ib. cf *Baba Kamma* 32a) (1).

---

(1) On découvrit par la suite une allusion à l'idée de *fiancée*, *KaLLah*, dans le mot *wayeKuLLou*, « furent achevés » de Genèse II, 1. Cf. *Lekah Tov*, éd. Buber, Wilna, 1884, p. 9 a et les citations du *Midrash Hashkem* in Al Nakawa, *Menorat ha-Maor*, II, 191.

Il n'y a bien entendu aucune contradiction entre le Sabbat-fiancée et la Princesse-Sabbat. Un vieux dicton hébreu dit que « le fiancé est comme un roi » (*Pirqe de Rabbi Eliezer*, 16 in finem). Le Zohar affirme nettement que « le Sabbat est à la fois reine et fiancée » (*Raya Meemna*, III, 272 b). Si le septième jour est l'épouse, qui est l'époux ? Les textes que nous avons cités ne le disent pas expressément ; toutefois pour Rabbi Simeon, le Sabbat est l'*associé* d'Israël. Avec le temps, l'idée assuma de nouvelles implications ; mais, dès le IIIe siècle, Rabbi Yohanan parle du Sabbat-Reine d'un royaume dont Dieu est le Roi (*Deutéronome Rabba*, I, 18 et *Exode Rabba*, XXV, 11).

Rabbi Levi, contemporain de Rabbi Yohanan, adopta la même métaphore. Il expliquait pourquoi on ne circoncit que

On peut envisager le Sabbat, comme le monde, sous deux aspects différents. Le Sabbat a un sens pour l'homme et un sens pour Dieu. Il est en rapports avec Dieu et avec l'homme ; il est le signe de l'Alliance établie entre Dieu et l'homme. En quoi consiste ce signe ? Dieu a sanctifié ce jour, et l'homme doit, de nouveau, chaque fois sanctifier ce jour, l'illuminer de la lumière de son âme. Le Sabbat est saint par la grâce de Dieu, et il a encore besoin de toute la sainteté que l'homme peut lui attribuer.

Le Sabbat a sens pour Dieu, car, sans le Sabbat, il n'y aurait pas de sainteté dans notre monde temporel. Lorsqu'ils discutaient de la signification du verset : « et au septième jour

le huitième jour : c'est comme un roi visitant une de ses provinces et ordonnant : « Que personne ne vienne jusqu'à moi et ne me voie avant qu'il ait vu ma Dame » ; la Dame, la Reine, est le Sabbat. Comme sur sept journées il y a forcément un Sabbat, l'enfant est soumis à l'Alliance du Sabbat avant d'entrer dans l'Alliance de la circoncision (*Lévitique Rabba*, XXVII, 10). Plus tard, la deuxième conception prévalut : le Sabbat est la fiancée et Dieu est comme le fiancé. Le Sabbat est l'union de la fiancée et de son céleste Epoux. Au XIVe siècle, Rabbi David Abudraham disait : « Le Sabbat et la Communauté d'Israël sont la fiancée et Dieu le Fiancé ; aussi, prions-nous : « Accorde nous d'être comme Ta fiancée et que Ta fiancée trouve son repos en Toi, ainsi qu'il est dit en *Ruth Rabba :* une femme ne trouve la paix qu'en son époux » (Abudraham, Prague 1784, 44 c et 45 a) ; la citation de *Ruth Rabba* est probablement de I, 15 à III, 1. Cf. aussi Rabbi Moïse ben Abraham Katz, *Matteh Moshe*, ch. 450). C'est dans ce sens qu'on comprend aussi en général le terme de « fiancée » dans le *Lekha Dodi* (cf. *Yessod ve-Shoresh ha-'Avodah,* Jérusalem

Il accomplit Son ouvrage », les Rabbins d'autrefois suggéraient qu'un acte créateur fut accompli le septième jour. Le monde n'eût point été complet si les six jours n'avaient trouvé leur accomplissement dans le Sabbat. Au IIIe siècle, Geniba et les Rabbis en discutaient. Geniba disait : « On pourrait comparer cela à un roi qui bâtit une chambre nuptiale qu'il fit peindre et décorer : la chambre est prête, qu'y manque-t-il ? L'Epouse. De la

---

1940, p. 164 et *Tiqqoune Shabbat*, Dyhernfurth 1692, f. 28). Le Sabbat est aussi synonyme de *Shekhina*, de la Présence divine, selon *Zohar*, III, 257 a (cf. *Bahir*, Wilna 1912, 17 c). Rashi, craignant que la métaphore féminine ne mène à des malentendus, tenta de la dégager de tout sens littéral en changeant l'objet de la métaphore ou même son genre. Rabbi Hanina, disait-il, « se conduirait comme un homme à la rencontre d'*un Roi* » (sur *Baba Kamma* 32 a). Ou encore : « Par affection, il appelle Princesse *la célébration* du Sabbat » (sur *Shabbat* 119 a). De même, il dit que Rab Nahman bar Isaac accueillait le Sabbat « comme on accueille son Maître » (ib.). Voir aussi Al Nakawa, *Menorat ha-Maor*, III, 586 ; Maïmonide, dans les *Mishne Thora*, *Shabbat*, XXX, 2, parle de « roi » dans le même sens.

C'est le Prophète Osée qui décrivit le premier les rapports de Dieu et d'Israël sous les traits de l'amour et du mariage. Dieu est l'Epoux de Son peuple, l'aimant comme le mari aime sa femme (III, 1). Mais c'est Isaïe qui parle pour la première fois de l'amour du fiancé et de la fiancée pour symboliser les rapports de Dieu et de Son peuple : « Comme le fiancé se réjouit de sa fiancée, ainsi ton Dieu Se réjouira de toi » (LXII, 5). Rabbi Berakhia énumère dix textes où l'Ecriture parle d'Israël comme d'une fiancée de Dieu (*Deutéronome Rabba*, II, 26 et *Cantique Rabba*, IV. 21 ; voir aussi *Pesikta de Rab Kahana*, éd. Buber, p. 147 b).

Cette idée exerça une forte emprise sur l'histoire de l'âme juive. Elle donna à la vie et à la dévotion une poésie plus qu'humaine. On la retrouve, poussée à ses extrêmes conséquences, dans les commentaires du plus sublime des poèmes

même façon : de quoi manquait le monde ? Du Sabbat. » Les Rabbis dirent : « Un roi fit une bague ; qu'y manquait-il ? le sceau. De même, de quoi manquait le monde ? Du Sabbat » (Genèse Rabba, x, 9).

Le Sabbat est une fiancée ; on le célèbre comme un mariage.

« Nous apprenons dans le Midrash que le Sabbat est comparable à une fiancée. De même que la fiancée s'avance vers son fiancé dans toute sa beauté, parée et parfumée, ainsi le Sabbat

---

d'amour, le Cantique des Cantiques. Le « Cantique » n'admit qu'un seul sens, celui du dialogue entre Israël, fiancée de Dieu, et son Bien-Aimé, celui d'une allégorie de l'histoire d'Israël depuis l'exode d'Egypte jusqu'aux temps du Messie (cf. Salfeld, *Das Hohelied Salomo's bei den judischen Erklären des Mittelalters*, Berlin 1879 ; S. Lieberman, *Yemenite Midrashim* (texte hébreu), Jérusalem 1940, p. 12 ; P. Vulliaud, *Le Cantique des Cantiques d'après la Tradition juive*, Paris).

La scène du Sinaï est décrite comme les fiançailles de Dieu et d'Israël (*Deutéronome Rabba*, III, 12). *Et Moïse fit sortir le peuple du camp à la rencontre de Dieu* (Exode XIX, 17) ; Rabbi Yose dit : *Le Seigneur vint du Sinaï* (Deutéronome, XXXIII, 2) pour recevoir Israël comme le fiancé sort à la rencontre de la fiancée (*Mekhilta* sur XIX, 17). Cf. Ziegler, *Die Königsgleichnisse des Midrasch*, Breslau 1903, ch. 10.

Il y a néanmoins une différence essentielle entre la métaphore de la fiancée telle que l'utilisent les prophètes et la même métaphore dans la littérature rabbinique. Selon les prophètes, c'est Israël qui est la fiancée, et l'initiative en revient à Dieu. Chez les Rabbins, ce n'est pas Israël mais le Sabbat qui est la fiancée, et l'initiative et tous les soins reviennent à l'homme.

vient vers Israël, dans toute sa splendeur, ainsi qu'il est écrit : *Et au septième jour Il cessa et Se reposa* (Exode, XXXI, 17) et, aussitôt après, nous lisons : *Et Il donna à Moïse kekalloto* (le mot *Kekalloto* se traduit : « quand il eut achevé », mais peut aussi se traduire : « comme sa fiancée »). Ceci nous enseigne (cf. *Exode Rabba*, XLI, 6) que, de même que la fiancée est belle et parée, le Sabbat vient dans toute sa beauté ; de même que le fiancé revêt ses plus beaux vêtements, l'homme revêt pour accueillir le Sabbat ses plus beaux vêtements. De même que l'homme se réjouit du jour des fiançailles, de même il se réjouit du jour du Sabbat ; de même que le fiancé ne travaille pas au jour de ses fiançailles, de même l'homme s'abstient de tout travail au jour du Sabbat. Et c'est pourquoi les Sages et les hommes pieux d'autrefois appelaient le Sabbat fiancée.

« Les prières du Sabbat font allusion à cela. Dans l'Office du vendredi soir, nous disons : *Tu as sanctifié le septième jour* pour rappeler le mariage (rappelons que le mot hébreu « sanctification » sert à désigner le mariage). Dans la prière du matin, nous disons : *Moïse se réjouit du don* (du *Sabbat*) qui lui fut accordé et sa joie est la joie du fiancé. Dans la prière de *Moussaph*, nous disons : *les deux agneaux, la farine de froment pour l'offrande, mêlés à l'huile et à la boisson* pour rappeler le repas des noces. (Et au Sabbat finissant, nous disons) : *Tu es Un* rappelant la consommation du mariage, le moment où l'époux et l'épouse retrouvent l'unité » (1).

Reine, princesse, fiancée. A quoi donc s'appliquent ces épithètes ? Au temps, à la chose la moins tangible qui soit, la moins matérielle.

***

Quand nous célébrons le Sabbat, nous rendons hommage précisément à un phénomène que nous ne pouvons voir. Quand nous l'appelons Princesse, nous marquons bien que l'esprit du Sabbat est une réalité à laquelle nous participons, et non pas un « temps vide » que nous avons choisi de réserver à notre commodité et à notre repos.

Les Rabbins auraient-ils donc transformé le Sabbat en un personnage spirituel, une sorte

---

(1) Al Nakawa, *Menorat ha-Maor*, II, p. 191.

Rabbi Samuel Edels (1555-1631) écrit à propos de *Baba Kamma* 32 b :

« Le Sabbat est réellement marié à Israël et les cérémonies du vendredi soir sont une cérémonie de mariage et plus particulièrement la conduite de l'épouse à la chambre nuptiale. Le Sabbat est aussi appelé Princesse, parce qu'elle est une fiancée royale : tous les Israélites sont princes. C'est pourquoi au coucher du soleil, Rabbi Hanina s'écriait : « Venez, allons accueillir la princesse Sabbat », parce que le fiancé doit aller à la rencontre de la fiancée. Rabbi Yannai, en revanche, ne sortait pas à la rencontre de la fiancée, mais il restait à l'attendre, et quand elle arrivait, il disait : « Entre, fiancée ! entre, fiancée ! » Il avait en vue la fiancée, après la cérémonie, arrivant de la maison paternelle pour entrer dans la maison de son époux. »

d'ange (1) ? La pensée religieuse est inconciliable avec les fantaisies de l'imagination. Le concept métaphorique du Sabbat ne risque pas de tourner en une déification du septième jour ; il est impossible de le concevoir comme un ange ou comme un personnage spiritualisé. Il n'y a pas d'intermédiaire entre Dieu et l'homme, pas même une sainte journée.

L'idée du Sabbat-Princesse ou du Sabbat-Fiancée n'était pas, pour les Rabbins, la représentation d'une image mentale ; ce n'est pas quelque chose qu'on pourrait imaginer. La métaphore ne fut même pas cristallisée en un concept bien défini dont on aurait pu tirer des conséquences, qu'on aurait pu ériger en dogme ; ce n'est pas un acte de foi. Le même Rabbi Hanina qui chantait la Princesse Sabbat, trouvait plus commode en une autre occasion de comparer le Sabbat à un roi (2).

---

(1) En fait, les Falachas ont personnifié le Sabbat ; c'était pour eux l'ange favori de Dieu qu'adoraient les autres anges (Louis Ginzberg, *The Legends of the Jews*, V, 110). Sur le problème général de l'hypostase dans la pensée juive, voir : Paul Heinisch, *Personnifikationnen und Hypostasen im Alten Orient*, Munster 1921 ; et W. Bousset, *Die Religion des Judentums im Spathellenistischen Zeitalter*, 3ᵉ éd., pp. 342 sqq.

(2) Rabbi Joshua ben Hanania dit : « Quand une fête commence le samedi soir, il faut dire deux bénédictions, l'une pour saluer le départ du Sabbat (*habdallah*) et l'autre pour saluer l'arrivée de la fête (*kiddoush*) ; nous devons d'abord dire la *habdallah*, puis le *kiddoush.* » Rabbi Hanina explique la raison de cette succession : l'heure à laquelle

Ce serait simplifier les choses à l'excès que de supposer les Rabbins tentant de personnifier le Sabbat. Personnifier le temps et l'appeler *reine* ou *fiancée* sont deux choses aussi différentes que d'entreprendre le compte de tous les êtres, et de l'appeler univers. Les Rabbins ne croyaient nullement que le septième jour possédât des traits humains, un corps, un visage ; leurs idées ne découlaient pas d'une iconographie visible ou verbale. Ils se risquaient rarement au-delà d'une caressante allusion aux mots tendres de fiancée ou de princesse ; non point qu'ils manquassent d'imagination, mais ce qu'ils tenaient à transmettre dépasse ce que l'homme peut imaginer, ce que les mots peuvent exprimer.

Pour la plupart d'entre nous, une personne, une créature humaine semble le maximum d'être, le summum de réalité ; nous pensons que personnifier c'est glorifier. Mais ne sentons-nous pas parfois qu'une personne n'est pas ce qu'il y a de plus élevé, que lorsque nous personnifions la réalité spirituelle, nous l'amoindrissons ? Personnifier, c'est à la fois déformer et avilir. Le monde compte d'innombrables personnes, mais un seul Sabbat.

L'idée d'un Sabbat-Princesse ou Fiancée n'est

---

finit le Sabbat et débute la fête peut être comparée à celle où un roi quitte une ville tandis que le gouverneur y entre ; on escorte d'abord le roi, puis l'on s'avance au-devant du gouverneur pour le saluer (*Pessahim* 103 a).

pas une personnification mais l'illustration d'un attribut divin, un exemple de l'appel de Dieu à l'amour de l'homme. Cette idée ne représente pas un substance en soi, mais la présence de Dieu, la nature de Ses rapports avec l'homme.

Une telle métaphore est faite pour servir d'illustration ; elle ne spécifie pas un fait. Elle exprime une valeur, une qualité ; elle traduit en paroles tout ce que le Sabbat a de précieux. Célébrer le septième jour, c'est plus que l'accomplissement technique d'un commandement. Le Sabbat est la présence de Dieu dans le monde, une ouverture offerte à l'âme humaine. Il est possible à l'âme de faire écho à cette marque d'affection, de s'unir au jour sacré.

Le septième jour s'emplissait à la fois d'amour et de majesté ; il était un objet de terreur sacrée, de vénération et d'amour. Le vendredi soir, quand le Sabbat s'apprête à s'emparer du monde, l'esprit, l'âme tout entière et la langue sont noués de crainte et de joie — qui pourrait en parler ? Pour ceux qui ne sont pas tombés dans la vulgarité, qui s'efforcent d'employer des mots qui ne soient pas encore souillés, la Princesse, la Fiancée signifient une majesté tempérée de grâce, une délicate innocence qui attend la réponse de notre amour.

Israël n'oublia pas l'idée du Sabbat fiancée ; c'est le thème du *Lekha Dodi,* le poème que nous chantons à l'entrée du Sabbat. Le *kiddoush* lui-même, la sanctification sur le vin, fut mise en parallèle avec la cérémonie du mariage où l'on bénit également une coupe de vin : le Sabbat est « la fiancée qui entre sous la houppa », sous le dais nuptial. Le troisième repas du Sabbat, le samedi soir, est appelé « *l'escorte de la reine* ».

« On étend les ordonnances du Sabbat jusque dans la nuit du samedi en signe de remerciement et pour marquer la peine que l'on éprouve à voir s'approcher le moment où un hôte sacré s'apprête à nous quitter ; le départ du Sabbat éveille un profond sentiment de regret. On s'efforce de le retenir et, en grande affection, on raccompagne l'hôte avec des chants... comme il est dit dans le Midrash : on peut le comparer à une fiancée et à une reine qu'on escorte avec des chants et des louanges » (1).

La première partie de l'Office du vendredi soir s'appelle la *qabbalat Shabbat.* La racine QBL marque que l'on assume une obligation ; en ce sens, le terme implique une restriction, une certaine rigueur. Cependant, sous sa forme verbale, cette racine signifie aussi : recevoir, accueillir, saluer (voir p. ex. *Pirqe Abboth,* I, 15 et III, 12). Dans le premier sens, le terme s'applique à une loi ; dans le second, à une personne. On peut

---

(1) Rabbi Meir Ibn Gabbai, *Tola'at Jacob,* Varsovie 1876, pp. 49, 38. Cf. aussi *ha-Manhig,* 70 ; *Mahzor Vitry,* p. 116 ; *Or Zarou'a,* II, 49 b.

donc se demander dans quel sens il faut entendre le mot *qabbalah* quand il est lié au mot *Shabbat.*

On a dit que dans les textes du Moyen Age, l'expression *qabbalat Shabbat* n'est employée que dans le premier sens pour indiquer qu'on assume l'obligation du repos au moment où cesse le travail (Halakhot Gedolot, p. 206. Cf. I, Mahrschen, *Jeschurun,* Berlin 1922, IX, 46 ; *Or Zarou'a,* II, 9b). Cependant, on peut prouver que, même à une époque antérieure, l'expression était employée dans le sens d' « accueil du Sabbat », de réception (1).

En fait, l'expression signifie les deux choses à la fois : son sens est à la fois légaliste et spirituel, et l'un est inséparable de l'autre. Le caractère

---

(1) « Quand arrive le Sabbat, nous l'accueillons par des chants et de la musique » (*Midrash Tehillim,* éd. Buber, ch. 92 p. 403). On admet généralement que la partie de l'Office qui comprend la *qabbalat Shabbat,* avec lecture des Psaumes XCV, XCVI, XCVII, XCVIII, XIC et XXIV, XXIX a été instituée vers la fin du XVIe siècle par les kabbalistes de Safed (I. Elbogen, *Der Jüdische Gottesdienst,* p. 108) ; mais cette opinion est très discutable. Al Nakawa, mort en 1391, mentionne déjà la récitation du Psaume XCVI à l'arrivée du Sabbat ; il appelle la cérémonie *movaeh Shabbat,* entrée du Sabbat, expression que je ne connais en aucune autre source et qui correspond probablement à *motzaeh Shabbat,* la sortie du Shabbat (*Menorat ha-Maor,* II, 182).

Les Psaumes ont probablement été choisis parce qu'ils rappelent tous la royauté de Dieu ; l'idée du Sabbat-Reine appelle le Royaume de Dieu. Le texte de l'Office du

particulier du Sabbat est précisément marqué par le double sens de l'expression *qabbalat Shabbat* : on accepte la souveraineté de ce jour en même temps qu'on accueille sa présence. Le Sabbat est à la fois une Princesse et une Fiancée.

Moussaph, le samedi matin : « Ceux qui gardent le Sabbat et l'appellent « délices » se réjouiront en Ton Royaume », peut aussi être une allusion à la même idée.

CHAPITRE DIXIEME

LE JOUR DE L'ETERNITE

Six jours par semaine, l'esprit est solitaire, méprisé, délaissé, oublié. Surmené de travail, accablé de soucis, soumis à l'inquiétude, l'homme n'a pas le cœur à l'informelle beauté. Mais l'esprit attend que l'homme le rejoigne.

Et puis, voici le sixième jour. L'anxiété, la tension cèdent à l'exaltation qui précède un grand événement. Le Sabbat n'est pas encore là, mais la pensée de son arrivée imminente éveille dans le cœur une impatience passionnée : être prêt à accueillir le Sabbat ! être digne de le recevoir !

« Tout homme doit mettre un grand, un très grand zèle à préparer le jour du Sabbat, à se montrer aussi actif et diligent qu'un homme qui aurait appris que la reine vient demeurer dans sa maison, ou que la fiancée et toute sa suite viennent lui rendre visite. Que ferait-il ? Il se réjouirait grandement et s'écrierait : « Quel honneur pour moi de les voir demeurer sous mon toit ! » Il disait à ses serviteurs : « Nettoyez à fond la maison, embellissez-la, préparez les lits ; quant à moi, j'irai acheter pain, viande et poisson, tout ce que je pourrai trouver de meilleur en leur honneur. » Cet homme s'occupera lui-même de la préparation des nourritures sabbatiques, eût-il un millier de servantes.

« Et qui donc est plus grand que le Sabbat ? Le Sabbat est à la fois la reine et la fiancée ; on l'appelle délices. Aussi le maître de maison doit-il se montrer mille fois plus affairé aux préparatifs du Sabbat, eût-il des centaines de servantes » (*Sefer Hassidim*).

« Ainsi faisait Rabbi Judah ben Ilai : la veille du Sabbat, il se faisait apporter un bassin d'eau chaude et il se lavait le visage, les mains et les pieds, s'habillait d'un vêtement de lin orné de franges, et s'asseyait ; il était semblable à un ange du Seigneur des armées (*Shabbat,* 25b) (1).

(1) Selon certains kabbalistes, on se lavait les mains et les pieds la veille du Sabbat pour montrer que nous

« Quand Rabbi Hammuna l'Ancien revenait de la rivière (où il s'était baigné) le vendredi après-midi, il s'asseyait quelques instants sur le rivage et, plein de joie, il levait les yeux. Il disait qu'il était assis là pour regarder monter et descendre les anges du ciel. Chaque fois qu'arrive le Sabbat, disait-il, l'homme est transporté dans le monde des âmes. Heureux celui qui connaît les mystères du Seigneur. » (Zohar, III, 136b).

Quand tout travail a cessé, on allume les bougies. De même que la Création avait commencé par les mots « Que la lumière soit ! », la célébration de la création débute par des lumières. C'est la femme qui, la première, pénètre dans l'atmosphère de joie en allumant les lumières.

Et le monde tout entier entre dans le repos, devient un lieu de repos. L'heure est venue, comme un guide qui mènerait notre esprit au-delà des pensées communes. Les hommes se sont réunis pour accueillir la merveille du septième jour et le Sabbat étend sa présence sur la campagne, dans nos maisons, dans nos cœurs. C'est le moment où s'éveille l'esprit qui dormait dans notre âme.

Nous sommes rafraîchis et rénovés ; les bougies vacillent en rêvant à une ineffable espérance, à l'intuition de l'éternité ; dans nos vêtements de fête, nous sommes saisis du sentiment que tout ce que nous pourrions dire serait comme un voile.

---

sommes comme les prêtres au moment où ils prenaient leur service sacré au Temple de Jérusalem (Exode, XXX, 21).

Il n'y a pas assez de grandeur en notre âme pour que nous puissions démêler en paroles le nœud du temps et de l'éternité. On aimerait chanter pour tous les hommes, pour toutes les générations. Des hommes se mettent à psalmodier le plus grand de tous les poèmes : *le Cantique des Cantiques.* Quelque chose d'immémorial, une sorte de densité d'âme coule dans leur voix. C'est le chant de l'amour de Dieu, un poème de passion, de nostalgie, de doux regret.

Place-moi comme un sceau sur ton cœur,
comme un sceau sur ton bras ;
car l'amour est fort comme la mort,
la jalousie cruelle comme l'enfer :
ses flammes sont des flammes de feu,
une foudre puissante.
Les grandes eaux ne sauraient éteindre l'amour,
ni les fleuves l'étancher.
Un homme donnerait-il pour l'amour toute la
[richesse de sa maison,
on le mépriserait comme rien.
(VIII, 6-7).

La place du marché a disparu. Le vent chante, les arbres sont dans la joie. Le Sabbat s'étend sur le monde, chantant dans le silence de la nuit : l'éternité s'exprime dans une journée. Quelles paroles pourraient rendre une telle puissance ?

La voix du Seigneur est sur les eaux...
La voix du Seigneur est puissante ;

La voix du Seigneur est pleine de majesté...
La voix du Seigneur... dénude les forêts ;
Et dans Son Temple, tout dit : Gloire !

(Psaume XXIX).

Nous allons tous au-devant de la reine, accueillir la fiancée de nos chants.

Viens, mon Bien-Aimé, au-devant de la Fiancée !
Allons accueillir le Sabbat !

Sion est en ruines, Jérusalem gît dans la poussière. Toute la semaine, nous n'avons que l'espoir de la Rédemption ; mais quand le Sabbat pénètre dans le monde, l'homme est touché par un instant de réelle et présente rédemption. Pour un instant, l'esprit du Messie glisse sur la face de la terre.

Sanctuaire du Roi, ville royale,
Lève-toi, sors de tes ruines...
Secoue la poussière, lève-toi !
Revêts les vêtements de ta splendeur, mon [peuple !...
N'aie point honte, ne rougis pas.
Pourquoi es-tu abattue, pourquoi gémis-tu ?
En toi se réfugieront les pauvres de mon peuple;
Et la cité sera rebâtie sur ses ruines.
... Ton Dieu Se réjouira en toi,
Comme se réjouit le fiancé de la fiancée...

Avant la dernière strophe, l'assemblée se lève

et se tourne vers la porte pour recevoir l'hôte invisible. Tout le monde s'incline pour saluer.

Viens en paix, couronne de son Epoux,
Viens en joie et gaîté,
Au sein des fidèles du peuple précieux
Viens, Fiancée ; viens Fiancée !

(*Lekha Dodi*).

Le Sabbat vient comme une caresse, balayant la peur, la tristesse et les sombres souvenirs. La nuit est déjà presque tombée lorsque commence la joie ; une âme belle s'insinue dans nos corps mortels et s'y attarde.

Nous ne savons comment remercier.

Avec sagesse, Tu ouvres les portes du ciel...
Tu diversifies les temps...
Tu fais rouler les ténèbres devant la lumière...
Tu établis une distinction entre le jour et la nuit.

Mais il est quelque chose de plus grand encore que les merveilles de l'univers : l'esprit. Dans Son monde, nous voyons Sa sagesse ; dans Son esprit, nous pressentons Son amour.

D'un amour éternel, Tu as aimé la maison d'Israël.
Tu nous as enseigné la Thora, les mitzwoth, *les lois et les commandements.*
Ne nous retire jamais Ton amour.

Et puis nous entendons à nouveau les paroles de Moïse nous pressant d'apprendre à répondre à l'amour de Dieu.

Tu aimeras le Seigneur ton Dieu de tout ton cœur, de toute ton âme, de tout ton pouvoir...

Suivent les paroles de Dieu :

... Afin que vous vous souveniez et que vous accomplissiez tous les commandements du Seigneur, et vous ne suivrez pas les désirs de vos cœurs et de vos yeux, à la traîne desquels vous vous prostituez...
Je suis le Seigneur votre Dieu qui vous ai fait sortir de la terre d'Egypte pour être votre Dieu, Moi, le Seigneur votre Dieu.

Et voici la réponse :

Vérité, tout cela est certain et constant pour nous. Il est le Seigneur notre Dieu et il n'en est point d'autre, et nous, Israël, sommes Son peuple.

Si seulement notre esprit était assez fort pour comprendre Sa souveraineté, pour vivre en Son royaume. Mais notre pensée est faible, notre esprit divisé.

Etends sur nous le pavillon de Ta Paix,
Mène-nous dans la voie droite par Ton juste [conseil,

Sauve-nous pour la gloire de Ton Nom.

(Rituel du vendredi soir).

Le Sabbat et l'éternité sont un, ou tout au moins de même essence — l'idée est ancienne (1). Une légende raconte que « lorsque Dieu donnait la Thora à Israël, Il leur dit : « Mes enfants ! si vous acceptez Ma Thora et observez Mes *mitzwoth,* Je vous donnerai pour l'éternité ce que J'ai de plus précieux dans Mes trésors.

— Et quelle est cette chose précieuse, demanda Israël, que Tu nous donneras si nous obéissons à Ta Thora ?

— Le monde à venir.

— Montre-nous dans ce monde un signe du monde à venir.

— Le Sabbat est un exemple du monde à venir. » (Alphabet de Rabbi Akiba, *Otzar Midrashim,* p. 407 et p. 430. Cf. aussi *Kad ha-Quemah, Shabbat,* in finem).

Un texte ancien nous apprend que « le monde à venir est caractérisé par une sainteté semblable à celle que le Sabbat possède en ce monde... Le Sabbat possède une sainteté pareille à celle du monde à venir » (*Mekhilta* sur Exode, XXXI, 17).

---

(1) Nous lisons déjà dans les Pseudépigraphes : « Le septième jour est le signe de la résurrection et du monde à venir » et c'est pourquoi le deuil est interdit ce jour-là » (*Vie d'Adam et Eve,* XLI, 1).

Rabbi Akiba, le maître de Rabbi Simeon ben Yohai, exprimait la même idée : « Les Lévites chantaient au Temple de Jérusalem un cantique spécial pour chaque journée de la semaine. Le premier jour, c'était *La terre est au Seigneur* (Psaume XXIV) ; le deuxième jour : *Grand est le Seigneur* (Ps. XLVIII) ; et ainsi chaque jour (Ps. LXXXII ; XCIV ; LXXXI ; XCIII). Le Sabbat, ils chantaient *Cantique chant pour le jour du Sabbat* (Ps. XCII) ; cantique pour le temps à venir, pour le jour qui sera tout entier Sabbat et repos pour la vie éternelle » *Mishna Tamid,* in finem et *Rosh ha-Shana* 31a).

Quelle est la nature du jour qui sera tout entier Sabbat ? C'est un temps où « il n'y aura besoin ni de nourriture, ni de boisson, ni d'aucune occupation terrestre ; mais les justes siégeront sur un trône, leur couronne sur la tête, se réjouissant de l'éclat de la *Shekhina* » (*Abboth de Rabbi Nathan,* I ; *Berakhot* 17a); *Midrash Thelhillim,* ch. 92, ed. Buber, p. 201a).

Selon le Talmud, le Sabbat est *me'en 'olam ha-ba,* c'est-à-dire *quelque chose comme* le monde à venir, l'éternité. L'idée qu'un septième de notre vie puisse être une expérience du Paradis est un scandale pour les païens et une révélation pour les Juifs. Et cependant Rabbi Hayim de Krasne va plus loin : le Sabbat n'est pas simplement une parcelle d'éternité ; il est une fontaine, une source (*ma'yan*) d'éternité, le puits d'où jaillissent les cieux et la vie du monde à venir.

Il faut apprendre à goûter la saveur du Sabbat tant qu'on est encore en ce monde, il faut être initié à la valeur de la vie éternelle, faute de quoi on serait incapable de jouir de l'éternité dans le monde à venir. Triste est le sort de celui qui arrive sans préparation ; quand il parvient au ciel, il est incapable de percevoir la beauté du Sabbat... (Rabbi Salomon de Karlin).

La tradition juive ne nous offre pas de définition du concept d'éternité, mais elle nous dit comment, à l'intérieur même du temps, acquérir l'expérience de l'éternité et de la vie éternelle. La vie éternelle ne prend pas naissance hors de nous ; elle est « plantée en nous », elle croît au plus profond de nous-même. Aussi le monde à venir n'est-il pas seulement un état posthume dans lequel l'âme pénètrera le lendemain du jour où elle a quitté le corps. L'essence du monde à venir est le Sabbat éternel, et, dans le temps, le septième jour est une image de l'éternité (1). Le septième jour a le parfum du septième ciel ; il nous a été accordé comme avant-goût du monde à venir : *ot hi*

(1) A la fin de la prière après le repas, on ajoute, le Sabbat : « Miséricordieux, Fais-nous hériter du jour qui sera tout entier Sabbat et repos pour la vie éternelle. » Cette attente de la vie éternelle ne s'exprime pas dans la liturgie quotidienne (cf. *Kuzari*, III, 20). Dans la *'Amida* qui est récitée quatre fois le Sabbat, nous disons : « Fais-nous hériter... du Sabbat de Ta sainteté. » C'est peut-être une allusion à la synonymie entre le Sabbat et la vie du monde à venir, puisque le Sabbat terrestre est déjà entre les mains de l'homme.

le'olam, il est un signe, un témoignage de l'éternité (Rabbi Elie De Vidas, *Reshit Hokhma, Sha'ar ha-Qedousha,* ch. 2).

On raconte l'histoire d'un rabbi qui, en rêve, pénétra un jour dans les cieux. Il fut autorisé à approcher du temple, au Paradis, où les grands sages du Talmud, les Tannaïm, vivent leur vie éternelle. Déçu, le rabbi s'étonna : « Est-ce là tout le Paradis ? » Mais une voix se fit entendre : « Tu te trompes. Les Tannaïm ne sont pas dans le Paradis ; c'est le Paradis qui est dans les Tannaïm. »

La philosophie aurait beaucoup à apprendre de la Bible. Pour le philosophe, l'idée du Bien est l'idée la plus haute. Mais pour la Bible, il est quelque chose de plus haut encore : le sacré. Le bien est la base, le sacré le sommet. Les choses qui furent créées aux six premiers jours, « Dieu vit que cela était *bien* » ; mais quand ce fut le tour du septième jour, Il le rendit *sacré.*

Pour la piété juive, l'ultime dualité de l'homme n'est pas celle de l'esprit et de la matière, mais celle du sacré et du profane. Nous avons si longtemps vécu dans le monde du profane que nous nous sommes accoutumés à l'idée que l'âme est un automate. La loi du Sabbat tente de faire entrer notre corps et notre âme dans le domaine du sacré. Elle s'efforce de nous enseigner que l'homme n'est pas seulement en rapport avec la nature, mais aussi avec le Créateur de la nature

Qu'est-ce que le Sabbat ? *L'esprit dans le temps.* Par notre corps, nous appartenons à l'espace ; notre esprit, notre âme prennent leur essor vers l'éternité, aspirent au sacré. Le Sabbat est une ascension vers les sommets. Il nous permet de sacraliser le temps, d'élever le bien au plan du sacré, d'apercevoir le sacré en nous abstenant du profane.

L'esprit sous forme de temps, l'éternité, peut sembler en fait un non-sens à ceux qui croient que l'esprit n'est qu'une idée que l'homme s'est forgée, que Dieu n'est qu'un objet parmi d'autres objets. Mais ceux qui conçoivent que Dieu transcende l'univers, que l'esprit est un processus infini auquel nous ne participons que fort modestement, comprendront et sauront ce que signifie un esprit révélé en un temps déterminé. On ne peut qu'être saisi d'une crainte révérentielle devant le miracle du temps, à la pensée qu'on puisse être prêt à saisir en un instant la présence de l'éternité. Il faut vivre et agir comme si le sort du temps tout entier était suspendu à un instant.

Nous pensons communément que la terre est notre mère, que le temps est de l'argent et que la réussite est notre compagnon. Le septième jour nous rappelle que Dieu est notre père, que le temps est de la vie et que c'est l'esprit notre compagnon.

Il est un monde des objets et un monde de l'esprit. Le Sabbat est un microcosme de l'esprit, comportant tous les éléments du macrocosme de l'esprit.

Tout comme le monde physique ne doit pas l'existence au pouvoir de l'homme — il est là, tout simplement — ainsi le monde de l'esprit ne doit pas son existence à la raison de l'homme. Le Sabbat n'est pas saint par la grâce de l'homme. C'est Dieu qui sanctifia le septième jour.

Selon la Bible, le monde fut amené à l'existence en six jours, mais sa permanence est liée à la sainteté du septième jour. Puissantes sont les lois de la nature ; mais sans la sainteté, il n'y aurait ni puissance ni nature.

La sainteté dans l'espace, dans la nature, était connue des autres religions. La nouveauté qu'apporta l'enseignement du Judaïsme fut de transférer progressivement l'idée de sainteté de l'espace au temps, du domaine de la nature au domaine de l'histoire, des choses aux événements. Le monde physique fut dépouillé de toute sainteté intrinsèque. Il n'y eut plus de plantes ni d'animaux sacrés. Pour être sacrée, une chose devait désormais avoir été consacrée par un acte conscient de l'homme. La sainteté n'est pas une qualité inhérente à la matière même ; elle est dispensée aux choses par un acte de consécration, et n'y demeure que dans les rapports avec Dieu.

La pensée prophétique met un accent particulier sur le temps. Les prophètes accordent plus d'importance au « Jour du Seigneur » qu'à la « Maison du Seigneur ». L'humanité s'éparpille en nations, se divise en états ; mais il est un *instant* dans le temps — la fin messianique des jours — qui rendra à l'homme ce que lui avait enlevé une chose dans l'espace, la Tour de Babel. C'est la perspective du Jour du Messie qui permet d'affirmer l'espoir que l'unité de tous les hommes sera à nouveau instaurée (1).

Les Dix Commandements ne parlent pas d'un *lieu saint,* mais, en revanche, aussitôt après leur promulgation, Dieu dit à Moïse : « En tout lieu où J'aurai fait souvenir de Mon Nom, Je viendrai vers toi et te bénirai. » (Ex. xx, 21). La conscience d'une sainteté qui n'était point attachée à un lieu particulier permit le développement de la synagogue ; le Temple était à Jérusalem seulement, alors que la synagogue était dans chaque village. La prière est liée à des heures déterminées, mais non pas à des lieux déterminés.

Dans la Bible, il n'est point de chose ou de lieu qui soient saints par eux-mêmes. Même l'endroit où devait s'ériger, en Terre Promise, le seul sanctuaire n'est jamais qualifié *saint* dans le Pentateuque ; à l'époque de Moïse, l'emplacement n'est pas précisé. Plus de vingt fois, on en parle comme du « lieu que le Seigneur *choisira* » (au futur ; notamment : Deutéronome XII, 5, 11, 14, 18, 21, 26 ; XIV, 23, 24, 25 ; XV, 20 ; XVI, 2, 6, 7, 11, 15, 16 ; XVII, 8, 10 ; XXIII, 17 ; XXXI, 11).

---

(1) Hermann Cohen, *Jüdische Schriften,* Berlin, 1924, I, 325.

Pendant des générations, l'emplacement demeura inconnu. Mais le Roi David aspirait à bâtir un temple pour le Seigneur. « Or il advint que, le roi demeurant en son palais alors que le Seigneur lui avait accordé la paix contre tous ses ennemis à l'entour, le roi dit à Nathan le prophète : « Vois, moi je demeure en une maison de cèdres, mais l'Arche de Dieu demeure au milieu d'une toile de tente. » (II. Sam., VII, 1-2). C'est ce désir de David que chante le Psalmiste :

Souviens-Toi, Seigneur, en faveur de David
de toute sa peine,
du serment qu'il fit au Seigneur,
du vœu qu'il voua au Puissant de Jacob :
« Que je n'entre point sous la tente où j'habite,
« Que je n'entre point dans le lit, en ma couche,
« Que je n'accorde point le sommeil à mes yeux,
« A mes paupières le repos,
« Avant d'avoir trouvé un lieu pour le Seigneur,
« Une résidence pour le Puissant de Jacob ! »

(Ps. CXXXII, 1-5).

C'est en réponse à la prière de David que fut révélé l'emplacement du temple :

Car le Seigneur a fait choix de Sion,
Il l'a désirée pour Sa demeure :
« C'est là le lieu de Mon repos à jamais,
« Ici Je demeurerai, car Je l'ai désirée. »

(Ib., 13-14).

L'emplacement ne fut pas choisi parce qu'il jouissait de quelque qualité surnaturelle, intrinsèque, inhérente au sol, mais parce que l'homme avait prié pour un emplacement et que Dieu l'avait désiré (1).

Le Temple devint un lieu sacré, et pourtant sa sainteté ne lui venait pas de lui-même ; sa sainteté fut reconnue, et pourtant les prophètes ressentaient le paradoxe d'une sainteté attachée à l'espace. Le peuple d'Israël chantait :

Allons dans Son sanctuaire,
Prosternons-nous devant l'escabeau de Ses [pieds !

(Ib., 7).

mais le prophète proclamait :

Ainsi parle le Seigneur :
« Le ciel est Mon Trône
« Et la terre l'escabeau de Mes pieds.
« Où est la maison que vous Me bâtiriez,
« Où est le lieu de Mon repos ? »

(Isaïe, LXVI, 1).

Si Dieu est partout, Il ne peut être exclusivement en un endroit ; si Dieu a fait toutes choses,

(1) La tradition rabbinique tardive prétendait que sur le lieu où fut bâti le Temple s'étaient produits divers événements importants (cf. Maïmonide, *Mishne Thora, Beth ha Behirah*, II, 2). Il n'y a cependant aucune référence à ces événements dans le récit biblique. Voir M. Buber, *Ben 'Am le-Artzo* (texte hébreu), Jerusalem, 1945, p. 2.

comment l'homme pourrait-il faire une chose pour Lui ? (cf. ib., 2). Dans la liturgie du Sabbat, nous disons, aujourd'hui encore :

Sa Gloire emplit le monde.
Ses anges se questionnent l'un l'autre :
« Où est le lieu de Sa Gloire ? »

Les rabbins distinguaient trois sortes de sainteté : la Sainteté du Nom divin, la sainteté du Sabbat, et la sainteté d'Israël (*Yalkout Shimoni,* I, 830 ; voir aussi le Midrash cité dans *Tosafot Hagiga* 3b). La sainteté du Sabbat précédait celle d'Israël (1) ; quant à la sainteté du Pays d'Israël, elle dérive de la sainteté du peuple d'Israël (*Mekhilta* s/XII, 1 ; et *Eduyot,* VIII, 6 ; *Mishne Thora, Teroumoth,* I, 5 ; *Tossafoth Zebahim,* 62a). Le Pays n'était pas saint à l'époque de Terakh, ni même à celle des Patriarches ; il fut sanctifié par le peuple lorsqu'il y entra sous la conduite de Josué. La Terre fut sanctifiée par le peuple, et le Sabbat fut sanctifié par Dieu. On ne peut non plus identifier la sainteté du Sabbat avec celle des Fêtes ; en effet, la sainteté des jours de fêtes dépend d'un acte humain : c'est l'homme qui fixe le calendrier et détermine ainsi le jour de la semaine sur lequel tombera tel jour de fête. Si le

(1) C'est ce qui explique que les jours de fête, la bénédiction de la Haphtara se termine par « qui sanctifie Israël et les époques », alors que le Sabbat, nous disons seulement : « qui sanctifie le Sabbat », — « parce que le Sabbat précéda Israël » ; il date de la Création (*Soferim,* XIII, 14).

peuple avait manqué à computer la néoménie, Pâque n'aurait pas été célébré. Il en va différemment pour le Sabbat ; même lorsque les hommes oublient le Sabbat, sa sainteté demeure (1). Et cependant, tous les aspects du sacré sont mystérieusement liés les uns aux autres (2).

La célébration même du Sabbat marque ce sens de la sainteté dans le temps : aucun objet rituel n'est nécessaire pour l'observance du septième jour, contrairement aux autres jours de fête pour lesquels certains objets sont indispensables au culte, tels que par exemple, le pain azyme à Pâque, ou le chofar, la trompette des Grandes Fêtes, ou encore le loulab et l'ethrog qui constituent le bouquet de la Fête des Cabanes (3). Mais

---

(1) « Et Moïse exposa aux enfants d'Israël les temps fixés pour le Seigneur » (Lév., XXIII, 44). « Seuls les jours de fête nécessitent la sanctification par le *Beth-Din* (tribunal rabbinique chargé entre autres, à l'époque talmudique, de la fixation du calendrier et de la déclaration des néoménies) et non point le Sabbat » (*Nedarim*, 78b). Cf. *Mekhilta* s/XXXI, 15.

(2) Un Midrash déclare avec hardiesse : « La sainteté de Dieu, la sainteté du Sabbat, la sainteté d'Israël sont une » (*Seder Eliahou Rabba*, ed. Friedman, Vienne, 1902, p. 133. *Yalkout Shimoni*, I, 833 porte : « le Nom de Dieu », peut-être par allusion à Isaïe, VI, 3). La sainteté du Sabbat était si fortement ressentie, que la Bible emploie la racine *HLL* pour sa non-observance ; *HLL* signifie : polluer, profaner, violer le sacré ; c'est un terme de désecration. Cf. Exode, XXXI, 14 ; Isaïe, LVI, 2, 6 ; Ezekiel, XX, 13, 16, 21, 24 ; XXII, 8 ; XXIII, 38 ; Néhémie, XIII, 17, 18.

(3) Un objet rituel est celui qui ne peut servir exclusivement qu'à l'accomplissement du rite. Le vin et le pain sur lesquels est récitée la sanctification du jour ne sont ni des objets sacrés, ni des objets rituels.

au jour du Sabbat, on ne met même pas les phylactères, le symbole de l'Alliance qu'on noue tous les jours de la semaine ; les symboles sont superflus : le Sabbat est lui-même symbole.

« Le Sabbat est tout sainteté » (Nombres Rabba, XIV, 5). Rien n'est indispensable, sinon une âme pour recevoir plus d'âme, car le Sabbat « maintient toutes les âmes » (*Bahir,* éd. Vilna, 1913, p. 7a) ; il *est* le monde des âmes : esprit dans le domaine du temps. Tous les sages sont d'accord, selon le Talmud, pour affirmer que le jour où la Thora nous fut donnée était un Sabbat (*Shabbat,* 86b), et en fait, c'est le seul jour où la Parole de Dieu pouvait être accordée à l'homme.

Chaque semaine, avec le retour du septième jour, se produit un miracle, la résurrection de l'âme, de l'âme humaine et de l'âme des choses. Un sage du Moyen Age déclare : « Le monde qui fut créé en six jours était un monde sans âme. C'est le septième jour que le monde reçut une âme ; c'est pourquoi il est dit : « Et au septième jour, Il se reposa *waynnaphash'* (Exode, XXXI, 17), du mot *nephesh* qui signifie âme » (1).

La sainteté du jour d'entre les jours n'est pas quelque chose qu'il nous faille contempler avec crainte et devant quoi nous devons humblement nous retirer ; il n'est pas saint *loin* de nous. Il est

---

(1) Rabbi Salomon ben Abraham Adret de Barcelone (1235-1310), *Ya'akob Ta'anit*, 27b. Cf. *Bahir*, pp. 7a et 15b, et le commentaire de Rabbi Moshé Alsheikh sur Genèse II, 7.

saint *en* nous et *pour* nous. « *Vous observerez le Sabbat, car il est saint pour vous* » (Exode, XXXI, 14). « Le Sabbat ajoute à la sainteté d'Israël » (*Mekhilta* s/Exode, XXXI, 14).

Le Sabbat transmet à l'homme quelque chose de réel, de presque perceptible, une lumière, pourrait-on dire, qui luit au cœur de l'homme et dont l'éclat resplendit sur sa face. « Dieu bénit le septième jour » (Genèse, II, 3) : « Il le bénit de la lumière qui resplendit sur un visage d'homme ; la lumière qui resplendit sur un visage d'homme n'est en effet pas la même durant la semaine que le Sabbat » (*Genèse Rabba,* XI, 2). Rabbi Simeon ben Yohai en avait déjà fait la remarque (cf. *Mekhilta* s/XX, 11).

L'homme subit une transformation le jour du Sabbat : la veille au soir, le Seigneur donne à l'homme une *neshama yeterah* et Il la lui reprend à la fin du Sabbat, ainsi que nous l'enseignait au IIIe siècle Rabbi Siméon ben Laquish (*Betza,* 16a ; *Ta'anith,* 27b). *Neshama yetera* signifie *esprit supplémentaire* ; on traduit généralement cette expression par « âme supplémentaire ». Quel est le sens précis du terme ?

Certains penseurs le considèrent comme l'expression figurée d'un surcroît de spiritualité, ou de bien-être et de bonheur (1). D'autres croient

---

(1) Rashi, le commentateur classique du XIe siècle, donne une interprétation psychologique. Pour lui, il s'agit d'une « plus grande réceptivité de l'âme à la paix, à la joie, de la participation aux repas, ainsi que l'absence de tout

à la réalité d'une entité spirituelle, d'une âme seconde, accordée au corps de l'homme le septième jour. « L'homme reçoit en ce jour une âme supplémentaire, céleste, une âme qui est toute perfection, selon le modèle du monde à venir » (*Zohar*, II ,88b). C'est « l'esprit saint qui plane sur l'homme et le pare d'une couronne semblable à celle des anges », qui est accordé à chacun selon ses mérites (1).

C'est dans un but spirituel, enseigne le Zohar, que les âmes supérieures quittent leur sphère céleste et pénètrent, pour un jour, la vie des

---

esprit chagrin ». (*Betza*, 16a ; cf. aussi *Ta'anith* 27b). Selon Ibn Ezra, contemporain rationaliste de Rashi, le septième jour apporte à l'âme un surcroît de puissance intellectuelle (commentaire sur Genèse, LI, 3) ; cf. dans le même sens Rabbi Menahem Meiri, *Le Livre du Repentir* (texte hébreu), New York, 1950, p. 531. Même le grand mystique Nahmanide refuse de prendre à la lettre le concept de l'âme supplémentaire (cf. son commentaire sur Genèse II, 2 ; voir également Rabbi Menashe ben Israël, *Nishmat Hayim*, Amsterdam, 1652, p. 53 b). Rabbi Obadia Sforno, exégète, médecin et philosophe (Italie, 1475-1550) considère l'âme supplémentaire comme un accroissement du pouvoir que possède l'homme d'atteindre à ce que Dieu voulait qu'il atteignît lorsqu'Il dit : « Faisons l'homme à Notre image, comme Notre semblance » (cf. son commentaire sur Exode XXXI, 17). Voir aussi Meyer Waxman, in *Sefer Hashana*, *vol.* VIII-IX, pp. 210 sq., New York, 1947.

(1) *Zohar Hadash*, Genèse 17b ; *Zohar*, III, 242b. Au XIIIe siècle, R. Zedakia ben Abraham Anan de Rome dit explicitement : « Le jour du Sabbat, il y a deux âmes en l'homme » (*Shibbole ha Leqet*, 130). Selon le *Maaseh Buch* (trad. Gaster, p. 305) : « L'homme possède, le Sabbat, une âme de plus que les jours de semaine, et on peut le constater à son air détendu. »

mortels. A chaque fin de Sabbat, lorsque les âmes célestes retournent à leur sphère, elles se réunissent devant le Saint Roi. Il demande à toutes les âmes : Quel aspect nouveau de la sagesse de la Thora avez-vous pénétré durant votre séjour dans le monde inférieur ? Heureuse l'âme qui peut raconter en présence de Dieu un degré nouveau que l'homme a atteint au cours du septième jour ! (*Zohar,* III, 173a). Mais quel embarras pour l'âme qui, en présence de Dieu, est contrainte au silence!

Selon une ancienne légende que rapporte Rabbi Aaron Samuel Ben Moshé Chalom de Kremnitz (XVIe siècle), dans Nishmat Adam (Pietrikow, 1911, p. 24), la lumière créée à l'origine du Monde n'était pas semblable à la lumière qui nous vient du soleil, de la lune et des étoiles. La lumière du premier jour était telle qu'un homme, en eût-il existé un, aurait pu voir, d'un seul coup d'œil, le monde d'une extrémité à l'autre. Mais l'homme était indigne de jouir de la bénédiction d'une telle lumière, et Dieu la cacha ; ce n'est que dans le monde à venir qu'elle apparaîtra aux justes dans tout l'éclat de sa gloire première. Et c'est quelque chose de cette lumière qui resplendit sur les saints et les hommes droits au cours du septième jour : c'est cela, l'âme supplémentaire.

On raconte aussi que Rabbi Loew de Prague (XVIe siècle) était surnommé le « Haut Rabbi de Prague » parce que le jour du Sabbat il semblait grandi d'une tête ; on le dit aussi de Rabbi Josué Horowitz (préface de *Nezir ha-Shem,* Lemberg,

1869). Quiconque regardait Rabbi Hayim de Tchernowitz (XVIIIe siècle) le jour du Sabbat, raconte-t-on encore, pouvait voir sur sa joue une rose. Ce même Rabbi Hayim écrivait : « Nous avons vu de nos propres yeux les transformations extraordinaires qu'apporte la sainteté du Sabbat à la vie d'un juste. La lumière de sainteté luit dans son cœur comme des langues de feu, et il est enivré du désir éperdu de servir Dieu... toute la nuit et tout le jour »... Dès que sont achevés ses préparatifs en l'honneur du Sabbat, « une radiation de lumière sabbatique illumine son visage. Il devient si resplendissant qu'on hésite presque à l'approcher » (*Siddourshel Shabbat,* Varsovie, 1872, p. 8c).

Mais le Sabbat, tel que le vit l'homme, ne peut survivre en exil, étranger solitaire parmi des jours profanes. Il a besoin de la compagnie de tous les autres jours ; tous les jours de la semaine doivent, spirituellement, se conformer au Jour d'entre les jours. Toute notre vie doit être un pèlerinage vers le septième jour ; nous devons toujours garder présent à l'esprit ce qu'il nous apporte, et savoir l'apprécier. Le Sabbat est le contrepoint de notre vie, la mélodie qui se poursuit en dépit de l'agitation et des vicissitudes qui menacent notre conscience, l'affirmation de la présence de Dieu dans le monde.

Ce que *nous sommes* dépend de ce qu'*est le Sabbat* pour nous. La loi du Sabbat est, pour la vie spirituelle, ce qu'est la loi de la gravitation pour la nature.

Rien n'est plus dur que de se libérer de l'asservissement à sa propre mesquinerie. Il faut que, vaillamment, constamment, paisiblement, l'homme lutte pour sa liberté intérieure ; il faut qu'il la conquière en abolissant la domination des choses autant que celle des hommes. Nombreux sont les hommes qui ont pu conquérir des libertés politiques ou sociales, mais combien en est-il qui ne soient pas restés soumis aux choses ? Notre constant problème est de vivre avec les hommes et rester libre, vivre avec les choses et demeurer indépendant.

En un instant d'éternité, alors que le parfum de la libération était frais encore chez ces hommes qui sortaient à peine d'esclavage, le peuple d'Israël reçut les Dix Paroles, les Dix Commandements. Le Décalogue débute et se termine par la liberté de l'homme. La première Parole — *Je suis le Seigneur ton Dieu qui t'ai fait sortir de la terre d'Egypte, de la maison des esclaves* — lui rappelle que sa liberté extérieure lui fut donnée par Dieu, et la dixième Parole — *Tu ne convoiteras pas* — lui rappelle qu'il lui faut conquérir lui-même sa liberté intérieure.

La littérature antique, pour marquer l'importance d'un mot, use de la répétition directe. La Bible, par exemple, dit : « La justice, la justice, tu la rechercheras » (Deut., XVI, 20) ; « Consolez,

consolez Mon peuple » (Isaïe, XL, 1). Des dix commandements, un seul est ainsi énoncé deux fois, le dernier : « Tu ne convoiteras pas... Tu ne convoiteras pas... » Il est évident que cette répétition souligne son extraordinaire importance. L'homme est averti de ne convoiter ni « la maison de ton prochain », ni « la femme de ton prochain, son esclave ou sa servante, son bœuf ou son âne, et tout ce qui est à ton prochain. »

Nous savons que les passions ne peuvent être vaincues par décret ; le dixième commandement nous apparaîtrait donc vain si nous n'avions reçu au préalable le « commandement » concernant le Sabbat qui couvre près du tiers du texte du Décalogue, et qui constitue comme un résumé de tous les autres commandements. Quelle est la relation entre la quatrième Parole et la dixième ? Ne convoite rien de ce qui appartient à ton prochain, car Moi, le Seigneur, Je t'ai donné une chose qui M'appartient. Quelle est cette chose ? Une journée.

Le Judaïsme essaye de développer cette conception de la vie conçue comme un pèlerinage vers le septième jour, cette nostalgie du Sabbat tout au long des jours de la semaine qui est une expression de notre nostalgie du Sabbat éternel tout au long des jours de notre vie (1). On transpose ainsi

(1) L'esprit du Sabbat n'est pas limité à un septième de la semaine. Nous possédons deux versions du Décalogue, celle de l'Exode (xx, 2 sqq) et celle du Deutéronome (v, 6 sqq.) : dans la première version, le commandement du Sabbat débute par les mots : *Souviens-toi* (zahor) *du jour*

notre convoitise des choses de l'espace en *convoitise des choses du temps,* en enseignant à l'homme à convoiter le septième jour durant toute la semaine. Dieu Lui-même a convoité cette journée, l'appelant *Hemdat yamim,* désir des jours, jour désirable (1). L'ordre de ne pas convoiter les choses de l'espace semble sous-entendre un corollaire inexprimé : *Tu convoiteras les choses du temps.*

---

du Sabbat, et la seconde version : *Garde* (shamor) *le jour du Sabbat.* Un rabbin du XVe siècle, Al-Nakawa, écrivait dans son *Menorat ha Maor* (III, 575) : « Souviens-t'en continuellement, attends avec passion sa venue (la racine ChMR, garder, veiller sur, prendre soin, pratiquer, possède également le sens de : attendre impatiemment, cf. p. ex. Sanh. 63b)... Attends, réjouis-toi de sa venue comme celui qui espère celle qu'il aime. »

(1) Nous disons dans la liturgie sabbatique : « Tu as aimé le septième jour et Tu l'as sanctifié, Tu l'as nommé le plus désirable des jours. » La Bible ne porte pas cette dénomination, mais le verset Genèse II, 2, que nous traduisons communément : « Et Dieu acheva au septième jour... » est compris par une ancienne version araméenne, le *Targum Yeroushalmi* (ms. de Paris) : « Et Dieu désira le septième jour... », probablement par assimilation des deux sens de la racine KLL. Cette interprétation fut fréquemment reprise dans la tradition juive ; cf. en particulier : *Mahzor Vitry,* 103 ; Ba'al ha Tourim sur Genèse II, 2 ; Abrabanel ibid. ; etc. *Bemidbar Rabba* XI note que *wa Yekhoullou* marque toujours le désir.

EPILOGUE

SANCTIFICATION DU TEMPS

Les païens projettent leur conscience de Dieu en une image visible, ou ils l'associent à un phénomène naturel, à un objet spatial. Dans les Dix Commandements, le Créateur de l'univers Se fait connaître comme initiateur d'un événement historique, d'un événement dans le temps, la libération d'Egypte, et Il proclame : « Tu ne te feras point d'image taillée, ni aucune figure de ce qui est dans les cieux en haut, ni de ce qui est sur la terre en bas, ni de ce qui est dans les eaux sous la terre. » (Ex. XX).

« Chaque centre de culte égyptien de quelque importance cherchait à établir sa suprématie en affirmant qu'il était le *lieu* de la création » (J. A. Wilson, *Egyptian Myths, Tales and Mortuary Texts,* in *Ancient Near Eastern Texts,* p. 8). Le Livre de la Genèse, au contraire, parle des jours et non du lieu de la création. Les mythes s'insèrent dans l'espace ; la Bible insère l'espace dans le temps.

On reconnaît aisément la différence entre un ver et un aigle ; l'Himalaya l'emporte sur une chaîne de collines. Mais combien d'hommes perçoivent aussi clairement, de façon aussi nuancée, la diversité du temps ? L'historien Ranke prétend que toutes les époques sont également proches de Dieu ; la tradition juive proclame qu'il existe une hiérarchie des moments dans le temps, que toutes les époques ne sont pas équivalentes. L'homme peut prier Dieu de façon analogue en tous lieux, mais Dieu ne s'adresse pas aux hommes de façon analogue en tout temps. A une époque donnée, par exemple, l'esprit de prophétie quitta le monde.

Le temps, pour nous, est un instrument de mesure plutôt que le domaine de notre vie. La prise de conscience du temps ne s'impose à nous que lorsque nous nous mettons à confronter deux faits, notant que l'un est postérieur à l'autre, lorsque, par exemple, nous suivons une mélodie et nous rendons compte qu'une note succède à l'autre. La notion de postériorité et d'antériorité est fondamentale à notre conscience du temps.

Mais le temps n'est-il simplement que le rapport entre événements se déroulant dans la durée ? Le moment présent n'aurait-il de sens qu'en fonction du passé ? Et ne connaissons-nous du temps que son *contenu,* ce qui se déroule *dans* le temps, les événements temporels dans la mesure où ils ont une répercussion dans le domaine de l'espace ? S'il ne se produisait rien qui eût rapport au monde de l'espace, n'y aurait-il pas de temps ?

Nous vivons tous dans le temps, nous nous identifions presque avec lui de façon si intime que nous manquons à y prendre garde. Le monde de l'espace entoure notre existence, mais il ne comporte rien qui nous soit indispensable au point que nous ne puissions l'abandonner ; même notre situation dans l'espace, nous pouvons librement la troquer. L'existence n'implique essentiellement aucun pouvoir spatial, mais les années de notre vie sont pour nous d'une importance absolue ; le temps est la seule propriété que nous possédions réellement (cf. A. Heschel, *Man is not alone,* New York, 1951, p. 200), et d'une façon si « naturelle » qu'il nous faut un effort pour en prendre conscience. Les objets sont le rivage, mais le voyage se déroule dans le temps.

L'existence est impossible à expliquer en elle-même, on ne peut en parler qu'au travers du temps. En un instant de concentration, les yeux clos sur nous-mêmes, nous pourrions saisir le temps sans espace ; mais nous ne pouvons jamais saisir l'espace sans temps. Aux yeux de l'esprit, l'espace n'est que du temps « solidifié », et les objets des événements pétrifiés.

Lorsque nous regardons par la fenêtre d'un train filant à grande allure, nous avons l'impression que le paysage se déplace tandis que nous-mêmes restons immobiles ; de même, si nous percevons le temps du point de vue de l'espace, si nous affrontons la réalité alors que notre âme est livrée aux choses de l'espace, le temps nous apparaît en constant mouvement. Mais lorsque nous avons compris que ce sont les choses de l'espace qui sans cesse fuient, lorsque nous percevons le temps du point de vue de l'esprit, nous concevons que le temps ne disparaît jamais, que c'est le monde spatial qui s'écoule dans le déploiement illimité du temps.

Cette entité continue et aux limites sans cesse reculées que, dans notre esprit *réaliste,* nous appelons l'espace, n'est pas la forme ultime de la réalité. Notre monde est un monde spatial se déplaçant dans le temps — du premier au dernier jour.

Communément, l'essence du temps apparaît être de nature fugitive, évanescente. Mais en vérité, cette évanescence ne frappe notre esprit que dans la mesure où il est plongé exclusivement dans les choses de l'espace. C'est le monde spatial qui nous impose la notion de son rapport avec le temps, rapport que nous pourrions appeler *temporalité.*

Mais le temps est indépendant de l'espace ; il se poursuit, sans failles, perpétuellement. Le monde de l'espace est éphémère ; ses objets périssent dans le temps, mais le temps, lui, ne change pas. Nous ne devrions pas parler de « l'écoulement du temps », du « temps qui passe », mais de l'écoulement, du passage de l'espace au travers du temps. Ce n'est pas le temps qui meurt ; c'est le corps de l'homme qui meurt dans le temps. La temporalité, fugace succession d'instants à jamais disparus, est un attribut du monde spatial, des objets dans l'espace. Le temps, par-delà l'espace, transcende tout fractionnement en passé, présent et futur.

Les monuments de pierre sont voués à disparaître ; les jours de l'esprit ne s'échappent pas. Nous lisons au Livre de l'Exode (XIX, 1), au moment où le Peuple atteint au Sinaï : « Au troisième mois après que les enfants d'Israël furent sortis d'Egypte, en *ce jour-ci,* ils arrivèrent au désert du Sinaï. » En *ce jour-ci* ; l'expression frappa nos Rabbins. N'aurait-il pas fallu dire : en *ce jour-là* ? Il ne peut y avoir à cette tournure d'autre raison que de souligner que le jour du Don de la Thora ne peut jamais devenir du passé ; ce jour-là est ce jour-ci, aujourd'hui, chaque jour. La Thora, lorsque nous l'étudions, doit être pour nous « comme si elle nous était donnée aujourd'hui même » (*Tanhouma,* II, 76 ; cf. Rashi s/Ex. XIX, 1, et Deut. XXVI, 16). On envisage de la même façon le jour de la Sortie d'Egypte : « En tous temps, l'homme doit se considérer comme s'il était lui-même sorti de l'Egypte. » (*Mishna Pessahim,* x, 5).

La grandeur d'un jour ne se mesure pas à l'espace que lui accorde le calendrier. Rabbi Aquiba proclame : « Le monde entier ne vaut pas le jour où le Cantique des Cantiques fut donné à Israël ; car tous les textes [de l'Ecriture] sont saints, mais le Cantique des Cantiques est saint entre les saints. » (*Yadaïm,* III, 5).

Au royaume de l'esprit, on ne saurait distinguer une seconde d'un siècle, une heure de toute une ère. Rabbi Juda le Patriarche affirmait : « Il en est qui gagnent l'éternité au prix de toute une vie, d'autres qui la gagnent en un court instant. » (*Aboda Zara,* 10b, 17a, 18a). Une heure bien remplie équivaut à toute une vie ; un instant de retour vers Dieu peut refaire ce qu'avaient anéanti des années d'errance. Rabbi Jacob dit : « Meilleure est une heure de repentance et de bonnes actions en ce monde-ci que toute la vie du monde à venir. « Abboth, IV, 22).

La civilisation technique, nous l'avons dit, est la victoire de l'homme sur l'espace ; mais le temps demeure inviolé. Nous pouvons triompher de la distance, mais non pas ramener le passé ou sonder l'avenir. L'homme l'emporte sur l'espace, mais le temps transcende l'homme.

Le temps est le plus grand défi fait à l'homme.

Nous participons tous à une interminable procession à travers le royaume du temps, mais jamais, nous ne parvenons à y prendre pied ; sa réalité est en dehors et au-delà de nous. L'espace est offert à notre volonté ; nous pouvons former et transformer les choses de l'espace à notre gré ; mais le temps est pour nous hors d'atteinte, indépendant de notre pouvoir. Il est à la fois proche et lointain, immanent et cependant transcendant toute expérience. Il est à Dieu seul.

Le temps, finalement, est *autre chose,* comme un mystère qui plane au-dessus de toutes les catégories ; tout se passe comme si le temps et l'esprit étaient un monde à part, et, cependant, c'est à l'intérieur du temps seulement qu'est l'amitié, la communion de tous les êtres.

Chacun d'entre nous occupe une parcelle d'espace ; la portion d'espace qu'occupe mon corps est exclusivement mienne, elle est mon bien propre. Mais personne ne possède le temps, ni même *du* temps ; il n'est pas d'instant que je puisse posséder en exclusivité. Cette minute où j'écris appartient à tous les hommes vivants autant qu'elle m'appartient. Nous avons tous part au temps, nous possédons l'espace. Par ma possession de l'espace, je suis un rival pour tous les autres êtres ; par ma vie dans le temps, je suis un contemporain pour tous les autres êtres. Nous traversons le temps, nous occupons l'espace. Il est facile de succomber à l'illusion d'un espace créé pour nous, pour l'homme ; en ce qui concerne le temps, cette idée ne nous vient pas.

Incommensurable est la distance qui sépare Dieu d'une chose donnée, car une « chose » possède une existence individuelle, séparée, distincte de l'ensemble des êtres. Percevoir une chose, c'est percevoir une chose isolée. Bien plus, une chose est ce qui est, ou peut devenir, possession de l'homme. Le temps, lui, n'accorde pas à un instant d'exister pour lui-même et en lui-même. Le temps est tout ou rien. Il n'est divisible que dans notre imagination. Il est hors d'atteinte. Il est presque sacré.

On risque facilement de côtoyer, sans y prendre garde, le grandiose spectacle du temps éternel. Au Livre de l'Exode (III, 2), la première vision de Moïse lui apparaît « en une flamme de feu, du milieu d'un buisson ; il regarda, et voici : le buisson était en flammes et le buisson ne se consumait point ». Le temps est comme un buisson éternellement ardent : les instants s'évanouissent pour laisser la place aux suivants, mais le temps lui-même ne se consume pas.

Nous pouvons dire encore que le temps est plus majestueux et plus évocateur qu'un ciel clouté d'étoiles. Coulant paisiblement dans une splendeur sans âge, éveillant la symphonie des créatures isolées, libérant la terre et lui donnant la vie, il ouvre à l'esprit bien plus de perspectives que ne peut le faire l'espace dans le langage bégayant des choses.

Le temps est le déroulement même de la Création, alors que les objets de l'espace n'en sont que les produits. En regardant l'espace, nous apercevons les effets de la création ; lorsque, par intuition, nous saisissons le temps, nous entendons battre la pulsation de la création dans son déroulement. Les objets de l'espace possèdent une trompeuse indépendance ; leur permanence n'est qu'un illusoire placage. Les choses créées cachent le Créateur. C'est au royaume du temps que l'homme peut rencontrer Dieu, et prendre pleine conscience de chaque instant qui est un acte créateur, une Genèse ouvrant de nouvelles routes aux réalisations. Le temps est la présence de Dieu dans le monde de l'espace, et c'est dans le domaine du temps que nous pouvons ressentir l'unité de tous les êtres.

La tradition nous enseigne que la Création n'est pas un acte qui s'est produit un beau jour et une fois pour toutes ; c'est un processus continu (1). Dieu appela le monde à l'existence, et cet appel

(1) Dans l'Office du matin, nous disons ; « Seigneur des merveilles, Il renouvelle, en Sa bonté, chaque jour et toujours, l'œuvre de la Création. » Le maintien du monde, ainsi que les lois qui maintiennent le monde, résultent d'un acte divin : « Tu es le Seigneur, Toi seul as fait le ciel, les cieux des cieux et toute leur armée, la terre et tout ce qui est sur elle, les mers et tout ce qu'elles contiennent, et Tu fais vivre toutes choses. » (Néhémie, IX, 6). « Combien nombreuses sont Tes œuvres, Seigneur... Toutes espèrent de Toi que Tu leur donneras la nourriture en son temps... Caches-Tu Ton visage, elles disparaissent... Tu envoies Ton esprit, tout est créé... » (Psaumes CIV, 27 sqq). L'idée est courante ; cf. notamment Isaïe, XLVIII, 13 ; XLII, 5 ; Job,

retentit toujours. Cet instant même n'existe que parce que Dieu est présent. Chaque instant est un acte de création. Chaque moment est, non point conclusion, mais signal d'un Commencement. Le temps est un renouvellement perpétuel ; le temps, la continuité de la Création, est le don fait par Dieu au monde de l'espace.

Un monde sans temps serait un monde sans Dieu, un monde existant en soi et par soi, sans renouveau, sans Créateur. Un monde sans temps serait un monde détaché de Dieu, une chose en soi, une réalité sans la possibilité de la réaliser. Un monde dans le temps est un monde axé vers Dieu ; c'est la réalisation d'un dessein infini, non pas une chose en soi mais une chose *vers* et *pour* Dieu.

Eprouver ce miracle perpétuel qu'est l'épanouissement continu du monde sans cesse fraîchement venu à l'existence, c'est témoigner de la présence de Celui qui donne dans ce qui est donné, c'est comprendre que la source du temps est l'éternité,

---

XXXIV, 14 sq ; *Kuzari*, III, 11. La Mishna *Berakhot* (IX, 2) nous impose de dire, à la vue d'une merveille de la nature : « Tu es béni... qui accomplis l'œuvre de la création » (cf. Resh Laqish sur *Hagiga* 12b et Rauhi ad. loc.). C'est au thème de la création continue que se rapporte probablement la controverse relatée à la Mishna *Berakhot*, VIII, 5 : Selon l'Ecole de Shammaï, la bénédiction sur les lumières à l'issue du Sabbat s'énonce : « Tu es béni... qui *as créé* la lueur de la flamme », tandis que, selon l'Ecole de Hillel, nous devons dire : « Tu es béni... qui *crées* les lueurs de la flamme ». (Cf. Joseph Salomo Delmedigo. *Ta'alumot Hokhmah, Nobelot Hokhmah*, Bâle, 1629, p. 94).

c'est savoir que le secret de l'être est l'éternité au sein du temps.

Il nous est impossible de résoudre le problème du temps par la conquête de l'espace, par des pyramides ou par la gloire. Le problème du temps ne peut être résolu que par la sanctification du temps. Aux hommes coupés de leurs racines, le temps paraît s'écouler inconsistant ; aux hommes qui vivent avec Dieu, le temps est un visage de l'éternité.

La Création est le langage de Dieu, le temps est Son cantique, les objets de l'espace n'en sont que les consonnes. Sanctifier le temps, c'est chanter les voyelles à l'unisson du Musicien Suprême.

Telle est la tâche de l'homme : conquérir l'espace et sanctifier le temps.

Il nous faut conquérir l'espace *afin* de sanctifier le temps. Tout au long de la semaine, nous sommes contraints de sanctifier la vie par l'emploi des objets de l'espace. Le jour du Sabbat, il nous est donné de participer à la sainteté qui est au cœur du temps. Même si notre âme est angoissée, même si nos gorges serrées ne laissent s'élever aucune prière, le pur et silencieux repos du Sabbat nous mène vers un royaume de paix infinie, au seuil de l'éternité. Il est peu d'idées au monde aussi chargées de force spirituelle que l'idée du Sabbat. Dans bien des siècles, lorsque de toutes nos théories ne subsisteront plus même les traces, la splendeur du Sabbat illuminera encore l'univers.

L'éternité donne naissance au Jour.

TABLE DES MATIÈRES

CET OUVRAGE A ÉTÉ ACHEVÉ D'IMPRIMER LE TRENTE ET UN JANVIER DEUX MILLE SEPT DANS LES ATELIERS DE NORMANDIE ROTO IMPRESSION S.A.S. À LONRAI (61250) (FRANCE)
N° D'ÉDITEUR : 4396
N° D'IMPRIMEUR : 070261

Dépôt légal : février 2007